어떤 경제를
만들 것인가

고용절벽의 시대
어떤 경제를 만들 것인가

지금의 시대정신은 '행복한 경제 만들기'다

김동열 지음

어떤 경제를 만들 것인가

초판 1쇄 발행 2017년 1월 16일

지은이 김동열
펴낸곳 더굿북
펴낸이 김주희

기획편집 김시경
마케팅 김요형
홍보 최철호
표지디자인 썸앤준
내지디자인 롬디
종 이 (주)에스에이치페이퍼
인 쇄 미래피앤피

출판등록 2011년 5월 13일 제25100-2011-000007호
주소 서울시 강서구 양천로 510 현대프린스텔 317호
전화 02) 6253-4341(편집) | 02) 6253-2044(마케팅)
팩스 02) 6253-2000
ⓒ 김동열 2017

ISBN 979-11-85446-36-3 03320
이 도서의 국립중앙도서관 출판예정도서목록(CIP)은 서지정보유통지원시스템 홈페이지
(http://seoji.nl.go.kr)와 국가자료공동목록시스템(http://www.nl.go.kr/kolisnet)에서
이용하실 수 있습니다.(CIP제어번호: CIP2016032285)

* 더굿북은 티핑포인트의 임프린트입니다.
* 저작권법에 의하여 한국 내에서 보호를 받는 저작물이므로 무단전재와 무단복제를 금지합니다.
* 잘못된 책이나 파손된 책은 구입하신 서점에서 교환해 드립니다.

목차

서문 008

제1장

'행복한 경제'란 무엇인가? 015

왜 지금 행복인가 017

어떤 경제냐가 중요하다 022

제2장

'3불 경제'의 실태 027

광복 70년, 경제 70년, 삶의 질 70년

불안한 일자리 031

문제의 시작과 끝은 일자리 | 고용 안전망이 필요한 이유 | 메르스 비정규직

불편한 노후 043

불편한 노후의 배경 | 바보야, 문제는 50대야 | 불안한 50대, 불쌍한 60대

불평등한 소득 056

소득격차, 적정한가? | 한참 기울어진 운동장 | 부족한 복지 지출 | 대한민국 최고 흙수저

제3장

'행복한 경제' 만들기

문제는 경제가 아니다

'안정적 일자리' 만들기 _____ 073

한국 경제, 뭣이 중헌디? │ 실업이 두렵지 않은 사회 │ 일취월장, 일취월시 │ 청년들에게 참 미안하다 │ 2%를 3%로 바꾸는 여성들 │ 구조조정과 일자리 │ 반드시 실패하라 │ 알파고 시대의 일자리 │ 4차 산업혁명과 일자리의 미래 │ 찔레꽃처럼 노래하기 │ 희망은 '신경제'에 있다 │ 일자리가 남쪽에만 있나? │ 한일 FTA

'편안한 노후' 만들기 _____ 117

은퇴 준비는 '일거리 준비' │ 시니어 뉴딜 │ 연금, 3개 이상 필요하다 │ 국민을 위한 국민연금인가? │ 또 하나의 대안, 주택연금 │ 캥거루 걷어차기 │ 손주돌봄수당 │ 사람과 사람 사이 │ 쇼 브라더스

'안분된 소득' 만들기 _____ 146

일자리 = 복지+분배 │ 저금리, 양날의 칼 │ 새집도 재건축이 되나요? │ 주먹구구식 나라살림 │ 최저임금이 높아야 하는 이유 │ 세금 마일리지를 도입하자 │ 복지가 곧 성장이다 │ 님비와 눔프 │ 국세청의 '미움받을 용기'

'삶의 질' 높이기 _____ 176

보츠와나를 아시나요? │ 앙팡 테리블 │ 산천초목도 아프다 │ 10시 출근, 5시 퇴근 │ 여성경제가 답이다 │ 숫자가 말한다 │ 안전규제는 더 깐깐해져야 │ 공

동주택에 공동체가 없다 ❘ 인구보다 많아진 휴대폰
❘ 기업하기 좋았던 정부 ❘ 라 과르디아 이야기

제4장

'행복한 경제'를 만든 나라들 — 213

덴마크: '행복지수 1위'의 비결 — 218

해고도 쉽고 재취업도 쉽다 ❘ '휘게'를 충분히 즐겨라 ❘ 얀테의 법칙 ❘ 에프터 스콜레

스웨덴: '국민의 집'을 짓다 — 227

스웨덴 패러독스 ❘ 아메리칸 드림에서 스웨디시 드림으로 ❘ 스웨덴의 투명한 정치 ❘ 총리 23년의 정치인

핀란드: '행복한 학교' — 238

노키아는 망했어도 ❘ 사람이 경쟁력이다 ❘ 1등과 꼴찌가 없는 학교 ❘ 여성이 이끌어가는 나라 ❘ 아이는 사회가 함께 키운다 ❘ 노부모를 가정에서 간호하기

에필로그 — 252

서문

　　작년에 시작된 조선업 구조조정은 맛보기에 불과하다. 2017년은 주식회사 대한민국의 군살빼기가 본격화될 것이다. 3년 전 얼음공주 엘사와 함께 한국에 상륙한 '겨울왕국'은 아름다운 음악과 스토리를 지닌 애니메이션이었고, 관객 1천만 명을 넘기면서 해피엔딩으로 끝났다. 하지만 2017년 고용 절벽의 시대와 함께 다가오는 '겨울왕국'은 해피엔딩으로 끝나기가 쉽지 않다. 청년 실업률은 상승하고 청년 취업자는 감소하고 있다. 우리가 직면한 고용 절벽의 시대는 기업에게 세금을 더 내라고 하기보다 일자리를 더 만들라고 부탁해야 하는 시대다. 그만큼 일자리가 절박하다.

　　시간여행을 떠나보자. 지금으로부터 2,300여 년 전 BC 315년 무렵이다. 맹자孟子와 제齊나라 선왕宣王이 마주 앉았다. "당신이 말하는 '인(仁)의 정치'란 어떻게 해야 하는 것이오?" "안정된 생업이 없으면, 바른 마음을 견지할 수 없습니다無恒産(무항산), 無恒心(무항심). 간사함, 사악함, 사치, 나쁜 짓에 빠지게 됩니다. —중략— 그러므로 영명한 군주는 백성의 생업을 안정시켜야 합니다."[1] 2,300여 년 전에 맹자가 말했던 '안정된 생업恒産(항산)'이란 일정한 수입, 안정된 소득, 안정적 일자리를 의미한다.

이제 공간여행이다. 미국의 인본주의 심리학자 매슬로우A. H. Maslow가 1943년 '욕구 5단계 이론'을 주장했다.[2] 거의 모든 심리학 교과서에 실릴 정도로 공인되었다. 인간의 다양한 욕구 중에서 가장 먼저 충족되어야 하는 것이 생리적 욕구이며, 이어서 안전의 욕구, 소속감과 애정의 욕구, 존경의 욕구, 자아실현의 욕구와 같이 단계적으로 충족되어나간다는 것이다. 맹자가 얘기했던 '안정된 생업恒産(항산)', 즉 안정적 일자리가 있다면 생리적 욕구와 안전의 욕구, 그리고 소속감의 욕구를 충족시키기가 쉬워진다. 나아가 존경과 자아실현의 욕구에도 근접해진다. 20세기 매슬로우의 인간 욕구에 대한 통찰력은 BC 4세기 맹자의 '무항산, 무항심'이라는 왕

---

1 『맹자』 양혜왕장구(상편)에 나오는 내용을 요약해서 옮겼음. 김용옥, '맹자, 사람의 길' (상), 2012, p.164

2 매슬로우(A. H. Maslow)가 1943년 욕구 5단계 이론(hierarchy of needs)을 제시했는데, 인간의 욕구에는 우선순위와 단계가 있다는 것으로, 심리학, 마케팅, 광고, 인사관리, 교육학 등에 널리 응용되고 있다.

도정치의 철학과 일맥상통하는 바가 있다.

과거나 지금이나, 동양이나 서양이나, 동서고금을 통틀어 '안정된 생업恒産(항산)'은 중요하다. 지금 우리 시대에 가장 큰 걱정거리는 바로 그 '안정된 생업'과 직결되는 일자리가 부족하다는 점이다. 일자리는 소득과 연결되고 소속감, 자존감, 자아실현과도 연결되는 중요한 요소다. 편안한 일상생활과 경제적 행복을 위해서 일자리는 필수불가결하다. 그러나 현실은 엄혹하다. 청년들은 생애 첫 번째 직장으로 번듯하고 안정적인 대기업 일자리를 원한다. '안정된 생업' 때문이다. 하지만 2% 안팎의 저성장 시대에 대기업들은 국내 채용을 늘리는 대신 중국, 멕시코, 베트남, 폴란드 등 해외에 공장을 짓고 있다.

우리는 지금 2%대의 저성장이 지속되고 있고 앞으로도 당분간 그러리라고 예상되는 시대에 살고 있다. 그렇다고 어느 대통령 후보처럼 "7% 성장"을 무턱대고 주장할 수도 없다. 두 번 속을 수는 없다. 이제는 얼마나 성장할 것이냐가 아니라 '어떤 성장'이냐가 중요한 시대다. '어떤 경제'를 만들 것인지가 중요하다. 자유 시장경제와 서구 자본주의의 첨병이라고 일컫는 세계은행World Bank과 국제통화기금IMF조차도 '포용적 성장inclusive growth'을 대안으로 제시하고 있다. 2008년 글로벌 금융위기 이후 '사회 구성원 모두에게 균등한 기회를 제공하고, 성장의 과실이 구성원들에게 골고루 분배되는 성장(포용적 성장)'이 새로운 대안으로 등장했다.

우리나라에서도 2008년 이후 동반성장, 경제 민주화, 국민행복시대 등의 새로운 담론이 유행하고 있다. 하지만 2017년 현재 거의 달라지지 않았다. 말의 성찬에 그칠 뿐 피부에 다가오는 변화는 없다. 1인당 국민소득 3만 달러 시대를 눈앞에 두고 있으며 선진국에 버금가는 경제력을 갖추게 되었다고 하지만, 다른 한편으로 세계에서 자살률이 가장 높은 나라가 되었다. 학생들과 노인들의 자살률이 특히 높다. 노인 빈곤율도 세계에서 가장 높은 나라다. 출산율은 세계에서 가장 낮은 수준이다. 그 결과 선진국 클럽이라고 하는 경제협력개발기구OECD의 34개 회원국 중에서 행복순위가 거의 꼴찌 수준이다. 소득은 많이 높아졌지만 국민들의 행복감은 여전히 낮은 수준에 머물러 있다.

2017년 현재 대한민국 경제를 특징짓는 단어는 '3불 경제'다. 불안한 일자리, 불편한 노후, 불평등한 소득으로 인해 국민들은 행복하지 않다. 이처럼 '3가지가 불편한 경제'를 '3가지가 편안한 경제(안정적 일자리, 편안한 노후, 안분된 소득)'로 바꿔나가야 한다. 그것이 바로 '행복한 경제 만들기'다. 그것이 바로 우리 경제의 미래 모습이다. 경제가 성장하면 국민들의 삶의 질도 나아지고, 더 행복해지는 경제를 만들어야 한다. 지금의 시대정신은 '행복한 경제 만들기'다.

　도대체 '행복한 경제'의 개념은 무엇이고, 행복한 경제가 지금 왜 중요한지는 제1장에 소개되어 있다. 그리고 제2장에서는 '행복하지 않은 경제'의 실상을 다룸으로써 2017년 현재 한국 경제의 민낯을 보여준다. 불평등한 소득분배, 불안한 일자리, 불편한 노후 등 불만에 가득 찬 한국 경제의 현실이 자세하게 그려져 있다. 제3장은 '행복한 경제 만들기'다. 현재의 문제점을 개선하고 해소할 수 있는 대안을 소개하고 있다. 다음 정부를 책임지겠다는 정치인과 관료들, 그리고 2017년 대선을 고대하고 있는 유권자들은 이 부분에 관심이 많을 것이다. 나의 오랜 고민과 불면의 밤들이 만들어낸 결과물이다. 제4장은 '행복한 경제'를 만든 나라들의 사례를 소개하고 있다. 다른 나라에서는 '행복한 경제 만들기'가 가능했다는 점을 확인해볼 수 있을 것이다. 이를 통해 우리 독자들도 긍정적인 희망을 갖게 되길 바란다. 남의 나라만 가능한 일이 아니고 우리나라도 가능하다는 것을 확신했으면 하는 바람이다. 아울러, 행복한 경제를 만들어냈던 리더십과 지도자에 대해서도 소개했다. 복지국가와 행복한 경제를 만들어가는 과정에서 수많은 갈등과 복잡한 이해관계를 어떻게 풀어나갔는지가 궁금하다. 그리고 중요하다. 행복한 경제를 만들기 위해서는 현명하고 용기 있는 지도자가 필요하다. 올바른 길이라면 인기 없는 정책이라고 해도 반대하는 국민들과 소통하고 설득해내려는 용기, '미움받을 용기'가 있어야 한다.

행복한 경제는 하늘에서 그냥 '떨어지는 것'이 아니라, 사회 구성원 모두가 참여해서 '만들어가는 것'이다. 문제를 알면 해결책을 찾을 수 있다. 이 책이 계기가 되어 '분노한 20대, 길 잃은 30·40대, 불안한 50대, 불쌍한 60대'가 모두 함께 머리를 맞대고, 문제를 직시하고, 새로운 대안을 찾기 위해, '행복한 경제'로 나아가기 위한 공론의 장을 펼쳐갔으면 하는 바람이다.

끝으로, 신문 칼럼을 모아 책을 만들 수 있도록 도와주신 아주경제 곽영길 사장님, 아시아경제 이세정 사장님께 감사 드린다.

제1장

'행복한 경제'란 무엇인가?

"행복한 사회가 행복한 사람을 만드는 게 아니라,
행복한 사람이 행복한 사회를 만든다."
- 말레네 뤼달, '덴마크 사람들처럼', 2015 -

왜 지금
행복인가

'행복한 경제'란 무엇인가? 경제가 성장하고 소득이 증가함에 따라 국민들의 삶의 질도 함께 높아지는 경제를 말한다. 3가지가 편안한(안정된 일자리, 편안한 노후, 안분된 소득) 경제를 말한다.

우리의 현실은 어떠한가? 2017년 현재 한국 경제의 핵심 문제점 3가지는 고용 불안, 노후 불안, 소득 불평등이다. 즉, 한국 경제를 다른 말로 바꾸면 '3불 경제(고용 불안, 노후 불편, 소득 불평등)'다. 그로 인해서 국민들은 행복하지 않다. 행복할 수가 없다. 이 3가지 문제점을 해결해야만 경제가 성장하면서 국민들도 함께 행복해지는 경제가 가능해진다. 즉, 3불 경제를 3안 경제(안정적 일자리, 편안한 노후, 안분된 소득)로 전환시키는 것이 바로 '행복한 경제 만들기'다.

그러면 현재의 한국 경제를 '3불 경제'라고 규정하게 된 근거는 무엇인가? 즉, '3불 경제'를 '3안 경제'로 전환하는 것이야말로 '행복한 경제 만들기'라는 결론에 도달하게 된 근거는 어디에 있는가?

먼저, 필자가 담당하고 있는 '경제적 행복지수' 조사결과다. 현대경제연구원에서는 2007년부터 해마다 두 번씩 현재까지 18회에 걸쳐 전국의 성인 남녀 1천여 명을 대상으로 '경제적 행복'에 관한 설문조사를 해왔다.[1] 고용, 소득, 자산, 물가, 분배, 생활수준 등과 같은 경제관련 지표를 중심으로 주관적 만족감을 물어보는 방식이다. 2007년부터 조사를 해오고 있지만 100점 만점에 50점을 넘어본 적이 없다. 글로벌 금융위기 이후 지속되고 있는 저성장과 경기 침체로 인해 우리 국민들의 경제적 측면에서의 만족감이 바닥임을 보여주고 있다. 가장 최근(2016년 6월)에 조사된 경제적 행복지수는 100점 만점에 38.9점을 기록했다.

경제적 행복지수를 구성하는 6개 항목별로 살펴보면, '경제적 평등'(18.1점)의 점수가 가장 저조하고, '경제적 불안'(25.8점)의 점수가 두 번째로 부진하며, 이 2개 항목이 전체 평균 점수(38.9점)를 갉아먹고 있다. 그만큼 우리 국민들은 경제적 불평등이 심각하고 경제적 불안감이 크다고 느끼고 있다. 그로 인해 전체적으로 경제적 행복감이 낮아졌다. 추가적으로 '경제적 행복의 가장 큰 장애물은

---

1 김동열, '경제적 행복의 장애 요인', 현대경제연구원 VIP리포트, 2016년 7월

무엇이냐'는 질문을 2년 동안 계속해서 던져봤다. 일관되게 '노후 준비 부족'(34.1%)이라는 응답이 가장 많았다. 더 곤혹스러운 점은 1년 6개월 전(24.8%)과 6개월 전(28.8%)에 비해 '노후준비 부족'이라는 응답률이 계속 높아지고 있다는 점이다. 연령별로 보면 특히 50대(50.6%)와 60대 이상(66.9%)의 중고령층에서 노후준비 부족을 크게 느끼고 있었다.

 이처럼 경제적 행복과 관련된 질문과 답변을 통해서 우리 사회에서 소득 불평등, 고용 불안, 노후 불안 이 3가지가 가장 큰 문제라는 점을 발견할 수 있었다. 문제를 알면 풀 수 있다. 행복한 경제를 만들기 위해서는 '3불 대책'이 필요하다. 즉, 소득 격차를 완화하기 위한 노력과 더불어 고용의 안정성을 제고하고, 노후 불안을 해소하기 위해 본인 스스로는 물론이고 정부와 기업, 사회 전체적으로 더 노력해야 한다. 그것이 바로 이 책을 쓰게 된 동기다.

 그러나 한국 경제를 '3불 경제'라고 규정하게 된 근거가 우리 국민들의 주관적 인식 조사의 결과물만은 아니다. '고용 불안'과 '소득 불평등'의 심화는 객관적인 데이터로 입증되기도 했으며, 우리나라뿐만 아니라 세계 각국의 공통된 현상이기도 하다. 그런데 '노후 불안'은 한국적인 현상이다. 주요 선진국의 노인들은 대체로 행복하다. 그들은 오랫동안 어깨를 짓눌렀던 노동에서 벗어났고, 풍족한 연금으로 인해 노후 걱정이 없기 때문이다. 하지만 한국의 노인들은 '은퇴할 수 없는' 노인들이다. 계속 일해야 한다. 65세 이상 노인들의 고용률이 세계 최고 수준이다. 국민연금에 가입한 비율도 낮고 국민연금의 소득대체율도 낮기 때문에 계속 일해야 한다. 그동안 모아놓았던 재산은 자녀들의 교육과 결혼 자금으로 바닥이 드러났다. 쉬어야 할 나이임에도 불구하고 계속 일해야 하는 우리나라 노인들의 행복감은 다른 청장년들에 비해 낮고, 다른 선진국의 노인들에 비해서도 낮게 조사되고 있다.

조금 더 부연해서 설명해보자. 먼저 '소득 불평등'은 2008년 글로벌 금융위기 이후 세계 각국의 사회적 이슈가 되어 있다. 2008년 9월 '리먼 브라더스'의 파산 이후 '월가를 점령하라Occupy Wall Street'는 시위가 뉴욕은 물론 선진국의 증권가를 중심으로 오랫동안 지속되었다. 부실한 부동산 담보를 기초로 발행한 파생금융 상품으로 엄청난 버블을 일으켰고 천문학적 소득을 올렸던 월가의 금융인들이 스스로 초래한 금융위기에 책임을 지기는커녕 밀린 보너스를 챙기는 도덕적 해이에 세계 각국의 국민들이 분노했다. 1%의 고소득층과 나머지 99% 국민들 사이에 점차 더 벌어지고 있는 소득 격차와 불평등이 미국은 물론 세계 각국에서 문제가 되었다. 노벨경제학상 수상자인 미국의 스티글리츠 교수는《불평등의 대가》라는 책에서 불평등 심화의 실태와 후유증을 경고했고, 프랑스의 경제학자 토마 피케티는《21세기 자본》에서 수백 년 동안 지속되어온 '불평등'의 심화 추세를 데이터로 보여줬다. 2012년 한국 대선에서는 보수 정당의 후보가 동반성장과 경제 민주화라는 진보적 공약을 내세워 당선될 정도로 '불평등'은 한국 경제 최고의 화두였다. 그리고 '고용 불안'은 세계화와 정보화라는 메가트렌드 속에서 잉태된 결과물이었다. 일본 경제를 특징지었던 '종신고용'이 종말을 고했고, 독일과 덴마크 등 주요 선진국은 물론 우리나라에서도 '시간제part-timer'와 '임시직temporary'의 비중이 증가하고 있다. 마지막으로, '노후 불안'은 고령화와 기대수명의 증가라는 세계적 추세에 따른 부산물이면서 동시에 연금제도가 아직 성숙되지 않은 한국적 현실이 반영된 복합적인 결과물이다.

어떤 경제냐가 중요하다

　경제가 중요하다. 먹고 사는 것과 관련된 문제의 해법을 제시해준다고 믿고 있기 때문이다. 물론 경제가 성장해야 일자리도 늘어나고, 소득이 증가하고, 소비도 할 수 있고, 삶의 질과 생활의 만족감도 높아진다. 그래서 우리나라뿐만 아니라 대부분의 나라에서 가장 중요한 국정과제는 경제와 관련된 것들이다.

　그러나 이제 '경제가 중요하다'던 시대에서 '경제는 중요하다'는 시대로 변했다. 성장이 무조건 중요하거나 경제가 무조건 중요하던 시대는 지나갔다. 성장도 어떤 성장이냐, 경제도 어떤 경제냐가 중요한 시대가 되었다. 2015년 기준 우리나라는 국민소득 3만 달러 시대에 도달해 있다. 명목 국민소득은 2만 7천 달러 정도지만, 세계 각국의 물가수준을 감안한 구매력평가$^{PPP\,2}$ 기준 국민소득은 3만 5천 달러에 달한다. 구매력평가 기준 3만 7천 달러 정도인 일본과 큰 차이가 없다. 선진국 문턱에 도달했다고 할 수 있다. 그럼에도 불구하고, 우리 국민들의 행복감은 34개 OECD 회원국 가운데 꼴찌 수준으로 낮다. 왜 그러한가를 따져봤더니 앞에서 언급했던 '고용 불안', '노후 불안', '소득 불평등'으로 구성된 '3불 경제'가 우리 국민들의 행복감을 짓누르고 있었다. 그래서 앞으로는 단순한 성장, 단순한 경제가 아니라 국민들의 행복감을 높이는 데 기여하는 성장, 국민들의 행복감을 높이는데 기여하는 경제가 중요해졌다. '행복한 경제 만들기'에 국민들 모두가 함께 참여해야 하는 시대에 살고 있다.

미국의 이스털린$^{Richard\ Easterlin}$이라는 경제학자가 국민소득 증가 추세와 행복감의 증가 추세를 오랫동안 살펴봤다. 미국뿐만 아니라 다른 나라들의 추세도 살펴봤다. 그랬더니 국민소득이 일정한 수준까지 증가할 동안에는 행복감도 함께 올라갔는데, 그 이상으로 국민소득이 올라가고 나서는 행복감이 거의 올라가지 않

---

2 각 나라의 1인당 국민소득을 달러로 환산하여 비교할 경우 그 나라의 물가수준이나 환율수준을 감안하지 못하는 한계가 있다. 따라서 각 나라의 물가와 환율수준(그 나라 화폐의 구매력)을 반영하여 국민소득을 보다 합리적으로 비교하기 위하여 개발된 것이 '구매력평가(purchasing power parity, ppp)' 기준이다.

는 현상('이스털린의 역설')[3]을 발견했다. 그동안 '이스털린의 역설'은 논쟁거리로 남아 있었지만 2016년 1월 열린 미국경제학회에서 89세의 이스털린 교수가 자신의 주장을 뒷받침하는 논문을 다시 발표[4]한 바 있다. 지금 우리나라가 바로 '이스털린의 역설'에 해당하는 시기라고 판단된다. 국민소득은 선진국 문턱까지 급하게 올라왔지만, 이제 행복감은 크게 증가하지 않는 '병목 구간'에 들어와 있다고 해석할 수 있다.

우리나라는 1945년 8월 15일 광복을 맞이한 지 70년이 넘었다. 대한민국 정부를 수립한 지도 68년이 넘었다. 제2차 세계대전 이후 식민지에서 해방된 나라들 가운데 산업화와 민주화를 동시에 달성하고 선진국 문턱에 도달한 나라는 대한민국이 유일하다. 2015년 기준 우리나라 전체의 국내총생산GDP 규모는 1조 3,800억 달러 수준으로 세계 11위 수준이며, 수출과 수입을 합한 무역 규모는 1조 달러 정도로 세계 7위 수준이다. 그리고 우리나라는 조

---

[3] 미국 경제사학자 리처드 이스털린이 1974년 주장한 이론으로, "일정 수준을 넘어 기본 욕구가 충족되면 소득이 증가해도 행복은 더 이상 증가하지 않는다"는 것이다. 그는 1946년부터 빈곤국과 부유한 국가, 사회주의와 자본주의 국가 등 30개 국가의 행복도를 연구했는데, 소득이 일정 수준을 넘어서면 행복도와 소득이 비례하지 않는 현상을 발견했다.(한경 경제용어사전)

[4] 2016년 1월 열린 '미국경제학회'에서 89세의 이스털린 교수가 "미국은 1946년부터 2014년까지 약 70년간 개인소득이 3배로 늘었지만 행복은 정체되거나 심지어 낮아졌"으며, "글로벌 금융위기 직후인 2009년 이후 지금까지 미국의 평균소득이 빠르게 늘었지만 행복지수의 장기 추세선은 하락했다"고 지적했다. 이스털린 교수는 그러나 "내 주장이 행복에서 소득의 중요성을 간과한 것은 아니다"고 강조했다.

만간 세계에서 일곱 번째로 30-50클럽에 가입할 전망이다. 인구가 5천만 명 이상 되는 나라들 중에서 국민소득이 3만 달러 이상인 나라가 현재까지는 미국, 일본, 독일, 프랑스, 영국, 이탈리아 여섯 나라밖에 안 된다.

이처럼 경제적 덩치는 많이 커졌음에도 불구하고 아직 우리나라 국민들의 '삶의 질' 수준은 높지 않다. '삶의 질' 관련 지표들 중에서도 특히 공동체(자살률과 이혼율)와 안전(교통사고 사망자 수) 관련 지표에 개선의 여지가 많으며, 복지(GDP 대비 복지 지출 비중)와 분배(중산층 비중, 소득5분위 배율), 일자리(고용률) 관련 지표도 선진국 대비 낮은 수준이다.[5] 이제는 성장도 그냥 성장이 아니라 포용적 성장, 행복감을 높이는 성장이 중요하다. 경제도 그냥 경제가 아니라 '행복한 경제'가 중요하다. 경제가 성장하고 소득이 증가함에 따라 국민들의 삶의 질이 높아지는 경제('행복한 경제')를 만드는 것이 중요하다.

그런데 '행복한 경제 만들기'는 정치인과 관료, 몇몇 경제학자들에게만 관심 있는 주제가 아니다. 갈수록 관심 있는 연구자와 유권자가 많아지고 있다. 세계적으로도 '행복'에 관한 연구가 많아지고 있다. 심리학이나 사회학은 물론 경제학과 경영학에서도 '행복'에 관한 연구가 많아지고 있다. 2008년 이후 행복에 관한 책

---

[5] 김동열, '광복70년, 삶의질 변화와 시사점', 현대경제연구원 VIP리포트 15-3호, 2015.1.21.

들도 쏟아져 나오고 있다.[6] 주요 대학의 경제학과에 '행복경제학 happinomics, 해피노믹스' 강의가 늘어나고 있다. 연구자들뿐만 아니라 학생들의 관심도 높아지고 있으며, 사회적으로도 '행복'에 대한 관심이 높아지고 있음을 반영하고 있다.

---

[6] 브루노 S. 프라이 & 알로이스 스터처, '경제학, 행복을 말하다', 도서출판 예문, 2008; 요하네스 발라허, '경제학이 깔고 앉은 행복', 대림북스, 2011; 서은국, '행복의 기원', 21세기 북스, 2014; 오연호, '우리도 행복할 수 있을까', 오마이북, 2014; 브루노 S. 프라이, '행복, 경제학의 혁명', 부키, 2015; 말레네 뤼달, '덴마크 사람들처럼: 세상에서 가장 행복한 사람들에게서 찾은 행복의 열 가지 원리', 로그인, 2015 등

제2장

'3불 경제'의 실태

"인간은 행복하기 위해 사는 것이 아니라,
살기 위해 행복감을 느끼도록 설계된 것이다."

― 서은국, '행복의 기원', 2015 ―

광복 70년, 경제 70년, 삶의 질 70년

광복 후 70년이 지났다. 그동안 우리 경제의 모습은 크게 변했다. 국내총생산GDP으로 살펴본 우리나라 경제규모는 1953년 13억 달러에서 2015년 1조 3,800억 달러로 1,000배 이상 증가했고, 1인당 국민소득GNI은 1953년 67달러에서 2015년 2만 7,340달러로 400배 이상 증가했다. 이처럼 경제규모와 국민소득은 급증했는데, 삶의 질도 경제발전에 비례하여 향상되었을까?

기대에 못 미치고 있다. 특히 이혼율, 자살률 등 사회적 유대 및 '공동체' 관련 지표를 보면 OECD 최고 수준을 기록할 정도로 심각한 편이다. 아울러, 교통사고사망자 등 '안전'과 관련된 지표도 최근 개선되고는 있지만 여전히 선진국 수준에는 못 미치고 있다. '복지 지출이 국내총생산GDP에서 차지하는 비중'은 2014년 기준 10.4%로, OECD 선진국 평균의 절반에도 미달하고 있다.

그래서 그럴까? 우리 국민들의 행복감은 후퇴하고 있다. 유엔이 매년 발표하는 '세계행복보고서'의 순위를 보면, 우리나라는 2013년 41위에서 2015년 47위, 2016년 58위로 해마다 후퇴하고 있다.

그러면 '행복한 경제 만들기'와 직결되는 중요한 경제 지표들은 현재 어디에 와 있는가? 지금부터 불안한 일자리, 불편한 노후, 불평등한 소득 등 '3불 경제'의 실태와 문제점을 살펴보기로 하자. 문제를 알면 해법이 보인다.

불안한 일자리

문제의 시작과 끝은 일자리

모든 문제는 '일자리'로 통한다. 모든 문제의 해법도 '일자리'에서 나온다. 일자리에서 비롯된 문제는 일자리에서 풀어가야 한다. 청년들에게 일자리가 있어야 결혼도 하고 아이도 낳게 된다. 저출산 문제도 상당 부분은 청년 일자리가 부족하고, 그러다 보니 취업을 늦게 하고, 결혼이 늦어지고, 출산이 늦어진다는 점에서 기인한다. 50대와 60대가 가장 절박하게 느끼는 노후준비 부족과 노후 불안도 결국 정규직 일자리에서 50대 초반이면 물러나야 하는 우리 사회의 기형적 일자리 구조에서 출발한다. 소득 불평등의 문제 역시 일자리가 부족하다는 점, 일자리 중에서 부가가치가 낮은 일자리가 많다는 점, 일자리의 안정성이 떨어진다는 점, 일자리 간의 임금 격차가 벌어지고 있다는 점 등에서 비롯된다. 물론, 사후적으로 정부가 누진적인 소득세와 재산세 구조를 통해 빈부 격차를 줄이고, 복지 지출을 늘림으로써 취약계층을 지원하는 등 불평등을 줄일 수는 있다. 하지만, 원천적으로 일자리의 구조 자체가 불평등을 늘리지 않는 방식으로 존재하고 재설계되고 작동된다면 정부가 불평등을 줄이기 위해 기울여야 하는 사후 작업이 좀 더 수월해질 것이다. 결국 불안한 일자리는 불안한 노후와 불평등한 소득을 확대재생산하는 핵심 연결고리다.

현재 우리나라의 일자리 현실은 어떠한가? 숫자로 비교해보면 조금 더 명확해진다. 통계청의 2016년 8월 고용동향[1]에 따르면, 청년실업률이 9.3%로 전년 동월 대비 1.3%p 증가했고, 17년 만에 최고치를 기록했다고 한다. 8월 기준으로는 1999년 8월에 10.7%를 기록한 이래로 가장 높은 수치라는 뜻이다. 청년들의 일자리 사정이 1998년 IMF 외환위기 이후의 암울했던 시절과 비슷해졌음을 의미한다.

이어서, 안정적 일자리를 구하기 위한 청년들의 경쟁이 과열이라고 할 정도로 치열한 현장을 소개한다. 행정부의 5급(사무관) 공무원으로 근무하게 되는 행정고시의 2016년 경쟁률이 44.4대 1이

---

1 통계청 보도자료, 8월 고용동향, 2016.9.13

라고 한다. 382명 선발하는데 1만 7천여 명이 지원했다는 얘기다. 1년 전의 36대 1보다 더 높아졌다. 하위직이라고 할 수 있는 9급 공무원 4,120명을 뽑는데 22만 명 정도가 응시해서 53.4대 1의 경쟁률을 보였다. 국회 공무원이 되는 입법고시는 숫자를 적게 뽑지만 인기가 높아서 경쟁률이 200대 1이 넘는다. 게다가 해마다 4천 명 정도를 뽑는 중고등학교 교원 임용고시를 준비하는 교원자격을 지닌 청년들이 4만여 명이나 된다. 10대 1의 경쟁률이다. 이처럼 약 30만 명의 청년들이 공무원, 교사가 되려고 시험준비를 하면서 인생에서 가장 귀중한 젊은 시절의 2년에서 3년을 쏟아 붓고 있다. 그 중 29만 명 이상은 아쉽게도 탈락의 고배를 마시게 된다. 대기업 취업준비생의 사정도 비슷하게 어렵다. 기업체 취업을 위해 자기소개서를 200번은 쓰는 것이 기본이라고 하니 '고용 절벽'이라는 말이 실감난다.

  선진국 클럽이라고 하는 경제협력개발기구^{OECD}에 우리도 가입되어 있으니, OECD 회원국들과 우리나라의 일자리 실태를 비교[2]해보자. 먼저, 계약직과 일용직 등을 포함하는 임시직^{temporary} 근로자의 비중이 높다. 2015년 기준 우리나라의 임시직 비중은 전체 임금근로자의 22.3%로 높은 편이며, OECD 평균$^{(11.4\%)}$에 비하

---

[2] 허핑턴포스트코리아, 한국인이 매우 심각한 노동 환경에 처했음을 보여주는 OECD통계 8가지, 2015.12.22.

면 거의 2배가량이다.

둘째, 임시직의 정규직 전환 비율은 낮다. OECD가 발표한 자료에 따르면, 2013년 기준으로 우리나라의 임시직 근로자가 3년 근무한 후에 정규직으로 전환하는 비율은 22.4%로 OECD 평균(53.8%)에 비하면 절반에도 못 미치고 있다.

셋째, 임금수준이 낮은 근로자들의 비중이 높다. 즉, 최저임금 이하를 받는 근로자들의 비중이 2013년 기준 14.7%로, OECD 20개 회원국 평균 5.5%에 비하면 2배 이상 높다.

넷째, 근로자들의 근속기간이 짧다. 2014년 기준 우리나라 근로자들의 근속기간은 평균 5.6년에 불과하여 OECD 25개국 중 가장 짧았으며, OECD 25개국 평균 9.5년에 비하면 절반 정도에 불과했다. 참고로 이탈리아는 12.2년, 프랑스는 11.4년으로 우리나라보다 2배 이상 길었다.

다섯째, 우리나라 근로자들의 장시간 근로는 여전했다. 2014년 기준 우리나라 근로자들의 연간 근로시간은 2,124시간으로 OECD 국가 평균(1,770시간)보다 354시간 길다. 회원국 중 멕시코에 이어 두 번째로 긴 편이다.

마지막으로 더 이상 일하지 않는 '유효은퇴연령'은 가장 많았다. 즉, 노인들의 준비 안 된 노후로 인해 실질적인 은퇴 연령(유효은퇴연령)은 평균 71.1세로, 멕시코의 72세에 이어서 OECD 회원국 가운데 두 번째로 많았다.

이처럼 우리나라의 일자리는 우리가 회원으로 되어 있는 OECD의 평균이나 주요 선진국에 비해 훨씬 불안하고 열악한 상태에 있다. 하지만, 우리나라는 아직 일자리의 심각성과 중요성을 모른다. 일례로 이명박 대통령 시절 4대강 운하를 만든다고 24조 원이라는 엄청난 세금을 토목공사에 쏟아 부었다. 국내 건설업체의 경영에 잠시 기여한 점을 제외한다면 4대강 운하로 인해 상시적인 좋은 일자리가 몇 개나 생겼는지 궁금하다. 일자리를 만들기보다는 환경 문제를 만들어냈다. 4대강 운하 공사 이후 낙동강 물이 녹차라떼처럼 되어 식수원으로 활용할 수 없을 정도라고 한다. 24조 원이라는 어마어마한 세금을 미래의 신성장동력을 키우고, 중소기업을 세계에서 통하는 히든챔피언으로 키우는 사업에 투자했다면 훨씬 더 박수를 받았을 것이다.

반면, 미국 대통령의 업무 1순위는 일자리다. 세계에서 가장 바쁜 미국의 대통령도 일자리가 새로 생기는 곳이라면 아무리 멀어도 전용기를 타고 달려간다. 지난 2010년 7월 LG화학이 미국 미시간 주 홀랜드에 세운 전기차 배터리 공장 준공식에 오바마 대통령이 참석했다. 일자리가 겨우 100개 생기는 외국기업의 공장 준공식에 미국 대통령이 동부에서 중부까지 전용기를 타고 달려오는 이유는 그만큼 일자리 만들기가 어렵고도 중요하기 때문이다. 미국이 일자리를 중시하는 사례를 하나 더 들어보자. 미국의 중앙은행 역할을 하고 통화정책을 책임지는 연방준비제도이사회^{Fed}의

3가지 목표 중 첫 번째는 '완전 고용maximum employment'이며, 이어서 '물가 안정stable prices'과 '적절한 장기 금리moderate long-term interest rates'[3]로 되어 있다. 반면, 미국의 연준Fed과 비슷한 역할을 하는 한국은행[4]과 금융통화위원회의 업무 목표는 '물가 안정과 국민경제의 건전한 발전'만 명시되어 있으며, '고용'이나 '일자리'는 '국민경제의 건전한 발전'이라는 커다랗고 애매한 목표 밑에 숨어 있을 뿐이다.

유산이 많거나 불로소득을 올리는 사람도 있겠지만 대부분의 보통사람들은 일을 해야 소득이 나오고, 소비를 할 수 있고, 가정과 나라의 살림살이가 돌아가게 된다. 노후를 위해 저축을 하고 연금에 가입할 수 있다. 일하는 사람이 많아지고 '괜찮은 일자리decent job'[5]가 많아진다면 노후 불안도 줄어들고, 소득 불평등도 점차 개선될 수 있다. 반면 열악한 일자리와 불안정한 일자리가 많아진다면 노후준비가 불가능해지고 소득 불평등도 더 심해지게 된다. 따라서 일자리를 만들어내는 것, 일자리 중에서도 '괜찮은 일

---

[3] https://www.federalreserve.gov/aboutthefed/mission.htm. 미국 연준(Fed) 홈페이지 참조.

[4] 「한국은행법」 제1조 제1항은 "효율적인 통화신용정책의 수립과 집행을 통하여 물가 안정을 도모함으로써 국민경제의 건전한 발전에 이바지함"을 동 법의 목적으로 규정하고 있다.

[5] 국제노동기구(ILO)에서 1990년대 초반부터 사용한 용어로서, '괜찮은 일자리(decent job)'란 고용 안정성이 높고, 임금이 그 산업의 평균보다 높고, 자아실현이 가능한 일자리를 말한다.

자리'를 더 많이 만들어내는 것이야말로 우리 시대 최우선의 과제다. 행정부의 관료들은 물론이고 한국은행과 금융통화위원회, 여의도의 정치인들 역시 일자리의 중요성을 더 심각하게 인식해야 한다.

고용 안전망이 필요한 이유

곡예사가 서커스 무대 위에 등장했다. 관중들이 환호한다. 그는 사다리를 타고 까마득한 높이의 공중그네 틀 위로 올라간다. 한쪽 공중그네를 타고 몇 번 왔다 갔다 하더니 한 바퀴 돌아서 반대편 공중그네를 낚아챈다. 보는 관중들의 가슴이 철렁거린다. 위험해서 재미있는 서커스 공연이 가능한 것은 바닥 위에 넓고 튼튼하게 펼쳐져 있는 그물망 때문이다. 만약 그런 안전망이 없다면 어느 간덩이 부은 곡예사가 목숨을 걸고 위험한 공중그네를 타겠는가?

만약 자동차보험이 없었다면 지금처럼 자동차가 대중화되었을까? 운전자들이 보험도 없이 시속 100킬로미터까지 고속 주행을 할 수 있었을까? 자동차보험은 일부 가입자의 난폭운전이라는 '도덕적 해이'를 초래하기도 하지만, 자동차 판매를 늘리고 빠른 주행을 가능하게 하는 등의 순기능이 더 많다.

요즘 창조경제라는 단어가 유행이다. 쉽게 얘기하면 좋은 아이디어만 있으면 창업하기 쉬운 제도적 환경을 만들겠다는 정책이다. 청년 일자리 대책 중에서도 창업 활성화가 핵심이다. 그런데, 창업이란 하기도 쉽지만 망하기도 쉽다. 따라서 창업에 한 번 실패했어도 다시 재기하기 쉬운 환경이냐가 중요하다. 즉, 실패 후 재기를 도와주는 '안전망'이 갖춰져 있느냐가 창조경제의 성패를 좌우한다. 한 번 실패했더라도, 이젠 성공 가능성이 높아졌다고 하면서 창업에 한 번 더 도전하도록 격려하는 시스템이 바로 창조경제 시스템이다. 그게 바로 창업 실패의 '안전망'이다. 그게 있다면 굳이 나라에서 권장하지 않더라도 청년들은 과감히 창업에 도전하게 된다.

중세의 길드조직에서는 일하다가 다치거나 병에 걸려 일을 못하게 되는 경우에 대비하여 조합원들이 십시일반으로 기금을 만들었다. 만일의 사태에 대비한 그물망의 일환이었다. 실업에 대비하는 고용보험, 아플 때를 대비하는 건강보험, 업무 중 상해를 대비하는 산재보험, 은퇴 이후를 대비하는 국민연금 역시 같은 취지에서 생겨난 사회적 안전망이다. 이처럼 실업, 질병, 재해, 노후를 대비하는 4대 사회보험이 제대로 작동되어야 비로소 선진국이라고 명함을 내밀 수 있다. 다양한 위험에 대비하고 다시 노동력을 재충전할 수 있도록 도와주는 시스템이 갖춰져 있어야 업무에 몰입할 수 있고, 사회 전체적인 생산성과 효율성이 향상되는 선순환이 이루어진다.

요즘 노동개혁이 핫 이슈다. 고용의 유연성을 늘려야 일자리가 늘어난다면서 관련 정책을 밀어붙이고 있다. 하지만 노조들의 협조가 어렵다. 수순을 바꿔야 문제가 풀린다. 먼저 고용의 안정성을 제고한 후에 유연성을 요구한다면 얽힌 매듭을 풀 수 있다. 실업에 대비한 안전망이 미흡한 상황에서 해고하기 쉬운 시스템을 만들겠다고 한다면 어느 노조가 협조하겠는가?

우리의 실업급여 지급 기한이 8개월에서 9개월로 늘어났지만 여전히 짧다. 독일은 12개월, 스위스는 18개월, 덴마크는 24개월이다. 실직 전 급여 대비 실직 2개월 후 실업급여의 비율을 소득대체율이라고 하는데, 우리나라는 2014년 기준으로 43%에 불과하다. OECD 평균은 69%, 일본은 69%, 독일은 73%, 핀란드는 80%, 덴마크는 92%다. 선진국처럼 실업을 두려워하지 않아도 되는 환경을 만들어줘야 고용의 유연성이 작동한다. 덴마크나 스웨덴처럼 실업 직전 급여의 90% 정도를 2년 동안 지급하고, 새로운 기술을 익히도록 실효성 있는 직업훈련을 제공한다면 실업을 순순히 받아들이는 근로자들이 많아질 것이다. 그래야 실업기간에 여유롭게 새로운 일과 직장을 준비할 수 있게 된다. 실업급여의 소득대체율을 올리고 지급기한을 늘리는 것은 고용의 안정성을 위해서도 필요하지만, 결국 고용의 유연성을 높이는 계기가 될 것이다. 필요한 재원을 마련하기 위해 노사 각각 0.65%인 고용보험료율을 상향 조정하는 방안을 놓고 노사정 3자가 모여 머리를 맞대야 할 때가 바로 지금이다.

청년창업을 권장하면서, 정규직 근로자에게 '고용의 유연성'을 받아들이라고 하면서, 안전한 그물망 없이 위험한 공중곡예를 하라고 강요하는 방식이라면 곤란하다. 안전한 그물망을 믿고 맘껏 재주를 뽐내는 행복한 곡예사를 보고 싶지 않은가?

메르스 비정규직

장면 1: 미국 미네소타 주 블레인 고등학교의 졸업앨범에 장애인 안내견 두 마리의 사진이 실렸다. 이름이 다코타Dakota와 카멜Carmel인 이 안내견들은 주로 청각장애 교사의 이동과 수업을 도왔고, 특수교육 시간에도 참여하여 학생들을 도운 것으로 알려졌다. 졸업앨범을 제작한 학교 관계자는 이렇게 말했다. "학생과 교사를 포함해 모두가 학교의 구성원이며 수업에 도움을 준 안내견들을 포함하는 것은 당연한 일이다."

장면 2: 삼성서울병원의 메르스(중동호흡기증후군) 확산 방지를 위한 비상조치에서 비정규 직원이 제외되는 바람에 방역에 구멍이 뚫렸다. 이 137번 메르스 환자는 삼성서울병원 응급실에서 환자 이송을 담당하는 용역업체 직원이었다. 이 환자는 발병 이후에도 10일간 지하철로 출퇴근하고, 아들의 치료를 위해 다른 병원 응급실을 방문하는 등 230여 명과 접촉한 사실이 드러났다.

이 2가지 장면을 비교해보면, 미국의 장애인 안내견은 학교 구성원에 포함되었고, 우리나라의 응급환자 이송요원은 비정규직으로서 병원 구성원에서 제외되었다. 덧셈을 하고 포함하는 포용의 경제, 포용적 자본주의로 나아가야 하는데, 우리는 뺄셈을 하고 제외하는 배제의 경제, 배타적 자본주의로 나아가는 것 같아 걱정이다.

수많은 배제와 배타의 사례 중에서 일자리 및 소득과 직결되는 것이 비정규직이다. 통계청에 따르면, 우리나라 비정규직[6] 근로자는 2015년 3월 기준 601만 2천 명으로 전체 임금근로자의 32.0%를 차지하고 있다. 국제비교를 하기 위해 경제협력개발기구OECD의 기준을 적용하면, 우리나라의 임시직 근로자temporary workers 비중은 2015년 8월 기준으로 22.3%로 내려간다. 2015년 OECD 평균 11.4%에 비하면 거의 2배에 달한다. 반면, 독일 13.1%, 일본 7.5%, 덴마크 8.6%, 영국 6.2% 등 주요 선진국의 임시직 비율은 우리보

---

[6] 우리나라에서만 사용하는 '비정규직'이라는 용어에는 '일용직', '계약직', '파견직' 등이 포함되며, 경제협력개발기구(OECD)에서 국가 간 비교를 위해 사용하는 '임시직(temporary)'이라는 용어에는 '일용직', '유기 계약직', '파트타이머' 등이 포함되고 '파견회사' 직원은 포함되지 않는다.

다 크게 낮은 수준이다. 더 큰 문제는 임시직에서 정규직으로 올라가는 비율도 낮다는 점이다. OECD가 발표한 '2013년 임시직 이동성의 국가별 비교'에 따르면 한국의 임시직 중 근무한 지 3년 뒤 정규직으로 전환되는 비율은 22.4%에 그쳐 회원국 평균인 53.8%의 절반에도 미치지 못했다. 이 데이터가 주는 메시지는 우리나라에서 임시직이 고착화되는 경우가 다른 나라에 비해 훨씬 더 많다는 것으로서 사회적 역동성이 크게 떨어짐을 의미한다.

불편한
노후

불편한 노후의 배경

우리나라의 불편한 노후는 조기 은퇴에서부터 시작된다. 나라 전체가 휘청거렸던 1997년 IMF 외환위기를 계기로 대기업과 금융기관도 망할 수 있음이 확인되었고 안정적 일자리가 많지 않다는 게 드러났다. 희망퇴직이나 명예퇴직으로 이름 붙여진 조기 은퇴가 기업과 금융기관에서 아주 흔한 일이 되어버렸다. 대학교수, 교사, 공무원을 제외한 나머지 민간기업의 근로자들은 40대 후반부터 실직과 조기 은퇴의 위험에 노출되어 있다. 고용노동부가 발표한 직장인 평균 퇴직연령은 53세다. 'CEO 스코어'가 발표한 10대 그룹 퇴직임원의 평균 연령은 54.5세[7]였다. 정부가 2016년부터 민간기업의 정년을 60세로 연장하고 대신 정년 3년 전부터는 '임금피크제'를 도입하여 정년 연장에 따른 기업의 부담을 덜어 준다는 정책이 시행되고 있다. 하지만 '권장 사항'일 뿐이지 민간기업에게 강제할 수는 없다. 즉, 우리나라의 임금근로자들은 50대 초반이면 직장에서 음으로 양으로 퇴직 관련 압력을 받게 되며, 번듯한 일자리에서 퇴직하여 자영업을 할 수밖에 없거나, 지인들이 하는 소규모 기업에 재취업을 하게 된다. 그리고 나서 국민연금이 개시되는 65세까지 버텨야 한다.

우리나라의 불편한 노후를 보여주는 두 번째 자료는 65세 이상 고령층의 '고용률'이 매우 높다는 점이다. 즉, 65세 이상 고령자들 가운데 국민연금 등 노후준비가 충분하지 못함에 따라 일자리에서 은퇴하지 못하고 아직도 일하고 있는 분들이 많다. 2015년 기준 한국의 65세 이상 고용률은 30.6%로, OECD 34개국 평균(13.8%)보다 2배 이상 높았고, 아이슬란드(38.7%)에 이어 두 번째로 높았다. 독일의 6.1%, 영국의 10.1%, 일본의 21.7%보다 크게 높다.

우리나라의 불편한 노후를 보여주는 세 번째 자료는 노인 빈곤율이다. 앞에서 노인 고용률이 높다고 했는데, 일하는 노인이 많다는 것 그 자체가 나쁜 것은 아니다. 문제는 일하는 노인의 비

---

[7] 아시아경제, '10대 그룹 임원 5.2년 재임 후 54.5세에 퇴직', 2015.2.4.

중이 높음에도 불구하고 '노인 빈곤율'[8] 역시 OECD 회원국 중 가장 높다는 점이다. 2014년 현재 한국의 노인 빈곤율은 47.2%로, OECD 평균(12.8%)보다 3배 이상 높고, 일본의 19.4%에 비해서도 2배 이상 높은 실정이다. 우리나라 65세 이상 노인 가구 중에서 둘 중 하나는 중위소득median income의 절반에도 못 미치는 소득을 올리고 있다는 것이다. 이처럼 우리나라가 노인 고용률도 높고 노인 빈곤율도 높다는 얘기는 일을 해도 가난에서 벗어나기 어렵다는 뜻이다. 그리고 우리나라 노인 일자리의 대부분이 소득수준이 매우 낮고 안정성도 떨어지는 매우 열악한 일자리라는 것을 의미하며, 노인들의 연금 소득이 불충분하고, 나라의 취약계층 지원이 불충분하다는 것을 의미한다.

우리나라의 불편한 노후를 보여주는 네 번째 자료는 우리나라 고령층의 실제 은퇴연령이 매우 늦다는 점이다. 즉, 한국 남성의 '유효은퇴연령'은 평균 71.1세로 멕시코의 72세에 이어서 OECD 국가 중 두 번째로 높았다. 여기서 '유효은퇴연령'이란 노동시장에서 완전히 빠져 더 이상은 일하지 않는 나이로 실질적인 은퇴 시점을 뜻한다.

다섯 번째로 65세 이상 노인들의 취업과 일자리 실태를 알아

---

[8] '노인 빈곤율'이란 65세 이상 노인들의 중위소득(median income)을 기준으로 하여, 중위소득의 50%에 못 미치는 노인 가구의 비율을 말한다.

보자. 한국노인인력개발원에 따르면 2015년 기준 65세 이상 일하는 노인의 34.8%는 경비·청소와 같은 단순노무직에 종사하고 있으며, 29.6%는 농·어업 종사자였다. 즉 일하는 노인 3명 중 2명은 단순노무직과 농어업에 종사하고 있는 셈이다. 65세 이상의 '일하는 노인' 가운데 임금근로자의 비중은 47.5%로 낮았고, 임금근로자 중에서 계약기간이 1년을 넘는 상용직의 비중은 12.3%에 불과했다. 치킨집과 같은 자영업에 몸담고 있는 비율은 40%에 육박했고, 매일 새로운 일터를 찾는 임시직·일용직의 비율이 35%에 달했다. 심지어 4.5%인 8만 2,000명은 폐지를 줍는 노인들이다. 또한 65세 이상 노인 10명 중 7명(68.7%)은 임금과 복리후생이 열악한 5인 미만 직장에서 근무하고 있으며, '일하는 노인'의 85%에 해당하는 '파트타임' 근로자들의 월평균 임금은 48만 4,000원에 그치고 있다.

이처럼 불편한 노후는 조기 은퇴와 불안한 일자리에서 비롯된 것도 있지만, 연금제도가 미성숙하고 불충분하다는 점에서도 기인한다. 먼저 국민연금 가입률을 들여다보자. 2013년 현재 60세 이상의 공적연금 가입률은 14.6%로 80% 안팎인 다른 연령대와 엄청난 차이를 보인다.

우리나라 노인들은 국민연금 가입률만 낮은 것이 아니라 소득대체율도 낮다. 퇴직 전 소득 대비 퇴직 후 연금의 비율을 소득대체율이라고 했을 때 소득대체율이 낮을수록 노후생활이 불편해진다. 1988년 국민연금이 처음 도입될 당시의 명목 소득대체율은 70%였다. 제도를 처음 도입하면서 가입률을 높이기 위해 소득대체율을 70%로 높게 제시한 것이다. 그러나 국민연금의 재정이 고갈될 것을 우려하여 1999년에 60%로 낮췄고, 2008년에 다시 50%로 낮췄다. 그리고 2009년부터 매년 0.5%p씩 낮아져 2028년에는 40%로 낮아질 예정이다.

2012년 기준 우리나라 국민연금의 명목 소득대체율은 48%로, OECD 회원국 평균인 66%에 한참 못 미친다. 국민연금 불입을 40년 동안 했다는 가정 하에서 명목 소득대체율을 계산한 것인데, 대개는 불입기간이 40년에 못 미치는 경우가 많아서, 2016년 기준 실질 소득대체율은 20% 정도에 불과하다. 이런 상황이니 국민연금이 노후생활을 온전하게 책임지지 못하고 있다. 아울러, 우리나라 국민연금의 보험료율이 월급여의 9%(근로자 4.5%, 사용자 4.5%)로, OECD평균 19.6%에 크게 못 미친다는 점도 지적해야 한다. 적게 내고 적게 받는 국민연금을 더 내고 더 받는 구조로 바꾸는 것 이외에 묘책은 없다. 그 방향으로 국민들의 공감대를 형성해가는 것이 책임 있는 정치지도자의 책무라고 하겠다.

이처럼 노인 빈곤율이 높고 국민연금에 가입하지 않은 노인들이 많다는 점이 사회적 이슈로 부각됨에 따라 2007년 참여정부 말기에 65세 이상 노인들에게 일정한 금액의 연금을 지급하는 '기초노령연금' 제도가 도입되었다. 최근에는 소득수준이 하위 70%

에 속하는 노인들에게 월 30만 원의 기초노령연금을 지급하는 것으로 지급 대상과 금액이 확대된 바 있다.

이와 같이 우리나라 60대 이상 고령자의 노후는 매우 불편하다. 50대 초반에 안정적 일자리에서 물러나 불안한 일자리와 불안한 수입을 토대로 국민연금을 받게 되는 65세까지 10년 이상이나 되는 '은퇴 크레바스'[9]를 넘어야 한다. '은퇴 크레바스'란 50대 초반의 직장은퇴 시기부터 65세 연금개시 시기까지의 소득공백기를 지칭한다. 10년 이상이나 되는 '은퇴 크레바스'로 인해 우리나라 50대와 60대의 노후는 불편할 수밖에 없다. 다행스럽게 '은퇴 크레바스'를 무사히 건너온 65세 이상 노인들의 경우에는 국민연금이 충분하지 않다는 또 다른 문제에 직면하게 된다. 이제는 집을 담보로 주택연금을 받는 등 별도의 대책을 강구하는 수밖에 없다.

바보야, 문제는 50대야

"바보야, 문제는 경제야It's the Economy, Stupid." 이 슬로건은 1992년 미국 대선에서 민주당의 클린턴 후보가 사용했으며, 선거 직전 이라크 전쟁을 승리로 이끌었던 부시George H. W. Bush 대통령의 재

---

[9] 여기서 '크레바스(crevasse)'란 빙하가 갈라지면서 생긴 좁고 깊은 틈을 말한다.

선을 가로막았다. 2017년 현재 우리 상황에는 "바보야, 문제는 50대야"라는 문구가 적합하다. 향후 우리나라에서 50대는 태풍의 눈이 될 것이기 때문이다. 인구 측면에서 보면, 2015년 기준 50대는 811만 명이며 전체 인구의 16%가량을 차지하고 있다. 40대의 846만 명에 이어서 두 번째로 많은 비중을 차지하고 있다. 게다가 가팔라지는 고령화 추세를 감안한다면, 2017년 대선에서 50대는 40대와 더불어 유권자 중 가장 많은 비중을 차지할 전망이다. 아울러 50대의 높은 투표 참여율까지 감안한다면 50대의 정치적 파괴력은 갈수록 더 커질 것이다.

    이처럼 인구통계학적으로 그리고 정치적으로 중요한 의미를 지닌 50대는 어떤 세대인가? 지금의 50대는 1955년 이후에 태어난 베이비붐 세대로서 가난했던 어린 시절과 콩나물 교실, 그리고 산업화와 민주화를 동시에 겪었던 세대다. 가왕 조용필이 곡을 짓고 교수 송호근이 가사를 붙인 '어느 날 귀로에서'는 우리 시대의 흔들리는 50대를 노래하고 있다. "귀로를 서성거리며, 맴돌고 있는" 우리의 50대는 "빛나는 기억들, 울렁이던 젊음"을 두고 떠나야 하는 세대다. 이제는 뭔가 알 것 같은데 떠나야 한다. 가정에서는 살아계신 부모를 부양해야 하며, 아직 분가하지 못한 자녀를 양육해야 하는, 양쪽 어깨가 묵직한 세대다. 직장에서는 자의반 타의반 은퇴를 해야 하는 '고용불안 세대'이기도 하다.

    경제적으로도 50대는 중요한 위치에 있다. 다른 세대에 비해 소득수준이 가장 높은 세대이긴 하지만, 부모와 자녀에 대한 경제적 책임에서 아직 자유롭지 못한 처지에 놓여 있다. 2015년 초 발표된 현대경제연구원의 설문조사 결과에 따르면, 50대의 경제적 행복을 가로막는 가장 큰 장애물은 '노후준비 부족'(28.8%)과 '자녀 교육'(20.7%)이었다. 그러다 보니 노후생활과 밀접히 연관된 연금제도의 변화에 민감하게 반응할 수밖에 없다. 60세 정년을 의무화하는 법안이 지난 2013년에 국회를 통과한 바 있으며, 2016년부터 대기업을 필두로 본격 시행될 예정이다. 최근에는 국회에서 공무원연금 개혁법이 통과되었고, 국민연금 등 노후소득 강화를 위한 사회적 합의기구가 출범하기로 되어 있다. 이런 이슈들에 대해 가장 주목하고 있는 세대가 바로 50대다.

고용의 측면에서 50대의 위치는 어디쯤인가? 현대경제연구원의 분석에 따르면, 우리나라 중고령층(50~64세)의 고용률은 2014년 기준 70.6%로, 전체 평균 60.8%에 비해 크게 높다. 이제 인생의 귀로에서 은퇴해야 하지만 실제로는 노동시장 주변에서 맴돌고 있는 것이다. 또한 중고령층의 높은 고용률에 비해 일자리의 질은 썩 좋은 편이 아니다. 중고령층의 자영업자 비중은 39.2%로 전체 평균 27.5%보다 훨씬 더 높고, 비정규직 비중도 38.5%로 전체 평균 32.4%를 크게 웃돌고 있다. 중고령층의 단순노무직 비중은 25.3%로 전체 평균 15.7%에 비해 10%p가량 높고, 100인 미만 중소기업에 근무하는 비중도 82.4%로 전체 평균 78.1%에 비해 높다.

불안한 50대, 불쌍한 60대[10]

나이 든 남자들이 앞치마를 두르기 시작했다. 요즘 요리학원에서는 머리가 희끗희끗한 중년 남자를 어렵지 않게 볼 수 있다. 50대 남자들이 요리를 배울 수밖에 없는 현실은 무엇일까. 그들은 오랫동안 일했던 직장에서 물러나 시간적으로 여유가 많다. 반대로 경제적 여유는 크게 줄어들었다. 전업주부이던 아내도 일하러 나가기 시작했다. 50대 가구의 맞벌이 비율은 86%에 달한다. 바쁘고 피곤하다는 핑계거리가 없어진 50대 남자들은 이제 밥도 하고 청소도 해야 한다.

50대는 사회·경제적으로 변화가 큰 시기이자 일자리가 불안한 시기다. 이와 같은 50대의 불안은 2012년 12월 대통령선거에서 82%라는 기록적인 투표율로 연결된 바 있다. '60세 이상 고령층만 선거권이 있는 게 아니다. 700만이 넘는 50대 베이비부머의 목소리도 좀 들어달라'는 것이었다.

50대가 불안하다면 60대는 불쌍하다. 지금의 60대는 태어나자마자 6·25전쟁을 겪었고, 가난한 어린 시절을 지나 급속한 공업화와 1980년대 후반 민주화 등 파란만장한 시절을 보냈다. 현역에서 은퇴한 지금은 노후준비 부족으로 고생한다. 대한민국 건국과

---

10 김동열, '50대는 왜 행복하지 못할까?', 주간동아 883호, 2013.4.15.

중진국 도약에 기여한 공로로 국가 최고 훈장을 받아야 할 어른들이 빈곤과 자살 경계선에 서 있다.

2010년 기준 우리나라 65세 이상 노인 자살률은 10만 명당 80.3명으로 경제협력개발기구OECD 평균의 4배에 달했다. 선진국의 평균 12.8명에 비해 2.5배 이상 높은 우리나라 전체 자살률 33.5명보다 훨씬 더 심각하다. 60대, 힘은 빠지고 몸은 아프고 혼자 살면 외롭기까지 하다. 노후생활을 책임져줄 연금은 쥐꼬리만 하다. 더는 희망이 없을 때 극단적 선택을 하게 된다.

50대와 60대의 어려운 처지는 행복지수 조사결과에서도 그대로 드러난다. 2007년부터 계속되고 있는 현대경제연구원의 '경제적 행복지수' 설문조사 결과를 보면, 20대에서 행복감이 가장 높고, 50대와 60세 이상 고령층의 행복감은 가장 낮다.

그런데 소득수준은 50대가 가장 높다. 돈을 가장 많이 버는데도 주관적으로 느끼는 행복감이 가장 낮은 이유는 무엇일까. 선진국에서는 60세 이상 노인이 은퇴 이후 가장 행복하다고 답변하는데, 우리나라 노인은 왜 가장 불행하다고 생각할까. 이들의 행복인프라, 즉 행복에 영향을 미치는 경제적 요인을 소득수준, 소득 분배 상태, 소비수준, 고용 안정성, 노후준비 상태 등 5가지 지표를 중심으로 다른 젊은 세대와 비교, 분석해봤다.

먼저 소득수준을 보면 50대가 가장 높고, 60세 이상이 가장 낮았다. 2011년 기준 전체 가구의 평균소득을 100이라고 했을 때

50대 가구주는 117로 가장 높고, 60세 이상 가구주는 65에 지나지 않는다. 60대는 전체적으로 소득수준이 낮을 뿐 아니라, 가계수지가 적자인 가구도 가장 많다.

두 번째로 소득 분배 상태를 살펴보자. 배고픈 것은 참아도 배 아픈 것은 참기 어렵다고 했다. 소득 분배 상태를 보여주는 중산층 비율은 가구주 나이가 많을수록 낮아졌다. 20대 가구주의 중산층 비중은 75.3%로 가장 높고, 60세 이상 가구주의 중산층 비중은 46.9%로 가장 낮았다. 60대는 빈곤하면서 소득 분배 상태도 나쁘다는 것을 알 수 있다. 60대가 빈곤 세대라면, 50대는 소득 양극화가 심한 세대다. 50대는 고소득층 비율이 가장 높았지만, 중산층 비율은 두 번째로 낮았다.

세 번째로 소비와 그에 따른 생활수준을 보면, 나이가 많을수록 엥겔지수가 높았다. 전체 소비 가운데 식료품비가 차지하는 비율인 엥겔지수가 높을수록 소비여력이 부족하고 생활수준은 열악하다는 뜻이다. 전체 가구 평균 엥겔지수는 14.3인데, 60세 이상은 21.2에 달한다. 문제는 소득수준이 가장 높은 50대의 생활수준도 높지 않다는 점이다. 50대는 엥겔지수가 두 번째로 높았고, 오락이나 문화, 외식에 쓰는 돈의 비중은 낮았다. 50대는 버는 돈은 가장 많지만, 자녀의 교육과 결혼자금 등으로 문화생활을 할 정도의 여유가 없는 팍팍한 생활을 하고 있다는 뜻이다.

네 번째 행복인프라는 일자리다. 사실 고용 안정성은 행복에 가장 큰 영향을 미친다고 알려져 있다. 그런데 우리나라 고용률은 40대가 가장 높아 정점을 찍은 후 50대, 60대로 갈수록 낮아졌다. 50대부터 점차 직장에서 밀려난다는 것이다. 나이가 들수록 정규직 비율은 감소하고 비정규직 비율은 증가한다. 나이가 들수록 안정적인 일자리를 구하기 어렵다는 뜻이다. 이처럼 우리나라 50대는 안정적인 일자리에서 점차 불안한 일자리로 밀려나기 시작하는 세대라 할 수 있다. 60대는 더 심각하다. 60세 이상 고용률은 37.5%로 가장 낮다. 60대에게 안정적인 일자리는 하늘의 별따기와 같다.

마지막으로 노후준비를 보면 60세 이상이 가장 심각하다. 50대는 60대보다 나은 편이지만, 노후준비가 두 번째로 취약한 세대다. 60세 이상의 공적연금 가입률은 14.6%로 80% 안팎인 다른 연령대와 엄청난 차이를 보인다. 60세 이상 나이에 군인, 공무원, 교사로 일하다 퇴직한 사람을 제외하면 대부분 연금 혜택을 누리지 못한다는 뜻이다. 50대의 경우에는 그래도 공무원연금이나 국민연금에 가입한 사람이 80%에 육박한다. 하지만 30대나 40대 젊은 층과 비교하면 50대는 퇴직연금 가입률이 떨어지는 등 노후준비가 상대적으로 미흡한 편이다.

이처럼 5가지 경제 지표를 중심으로 세대별 행복인프라를 비교해본 결과, 50대와 60세 이상 고령층일수록 일자리와 노후준비가 취약했다. 특히, 60세 이상 가구는 5가지 지표에서 모두 최악의 상태를 보였으며, 특히 노후준비가 취약했다. 50대는 소득수준을 제외한 4가지 경제 지표에서 60대 다음으로 취약했다.

불평등한 소득

소득 격차, 적정한가?

배고픈 건 참아도 배 아픈 건 못 참는다, 사촌이 땅을 사면 배가 아프다는 속담이 있다. 그만큼 나 자신의 절대적인 소득뿐만 아니라 남과 비교한 상대적인 소득에도 민감한 것이 사람이다. 따라서 소득 불평등이 공정한 경쟁을 통해서 발생했는지, 사회가 감내할 정도로 소득 격차가 적정한 수준인지에 항상 유의할 필요가 있다.

그렇다면, 현재 우리나라의 소득 불평등은 어느 정도 수준인가? 상하위 소득분위로 비교해본 한국의 소득 격차는 OECD 국가들 가운데 4번째로 높은 수준이다. 이러한 추세라면 2020년에는 상위 1%의 소득이 전체 소득의 15%를 웃도는 OECD 최고의 불평등 국가가 된다는 전망도 있다. 그리고 소득집중도가 심화되고 있다. 국세청의 소득세 통계를 활용·분석한 결과[11]를 보면, 2008년 글로벌 금융위기 이후 고소득자의 소득집중도가 높아졌다. 20세 이상 생산가능인구 기준으로 전체 3만 6,000~3만 8,000명에 불과한 상위 0.1%가 2007년에 전체 소득의 3.93%를 가져갔는데 2011년, 2012년에는 각각 4.41%, 4.13%로 커졌다. 상위 1%의 소득집중도는 2007년 11.08%에서 2011년 12.20%, 2012년 11.66%로 증가하는 추세다. 김낙년 교수의 분석에 따르면, 2010~2012년 기간에 상위 1%가 전체 소득의 12.1%, 상위 5%는 전체 소득의 29.7%, 상위 10%는 전체 소득의 44.1%를 차지한 것으로 나타났다.

그런데, 통계청의 지니계수[12]를 보면 우리나라의 소득 불평등 정도가 개선되고 있는 것처럼 보인다. 우리나라 지니계수가 2007년 0.312에서 2012년 0.307로 낮아졌고 다시 2015년에는 0.295로 더 낮아져 소득분배가 개선되고 있음을 보여준다. 그러나 지니계수가 소득분배 실태를 제대로 반영하지 못하고 있을 가능성이 있다는 지적[13]이 많다.

---

[11] 한국조세재정연구원 박명호(2016)의 학술지 발표 자료 참고
[12] 지니계수는 0과 1 사이에서 움직이며, 1에 가까워질수록 소득 불평등이 더 심해지고 0에 가까워질수록 소득 불평등이 약해진다고 해석된다.
[13] 통계청은 매년 전국 가구 중 1만 가구 정도를 표본으로 가구별 소득과 소비 관련 '가계동향조사'를 실시하고, 이를 토대로 지니계수를 계산한다. 그런데 소득 공개를 꺼리는 고소득층이 통계청 조사관에게 응답을 거부하기 때문에, 통계청 자료에서 고소득층이 대거 누락되고 있다고 한다. 그래서 고소득층의 소득이 과소 추계되는 통계상의 오류가 발생한다는 주장이 줄곧 따라붙는다. 또 다른 문제는 자산 불평등을 제대로 측정할 수 없다는 점이다. 누적된 자산의 불평등을 반영하지 못하면서, 올해 소득만 따져서 소득 격차가 줄었다고 할 수 있느냐는 것이다. 이런 점 때문에 지니계수의 신뢰도는 낮아지고 있다.

두 번째는 자산의 불평등이다. 세계 주요 국가의 자산 불평등 심화를 오랜 역사적 데이터를 통해 그리고 사례를 통해 보여준 책이 2014년에 발간된 토마 피케티의 《21세기 자본》이다. 피케티 열풍으로 한국에서도 자산 불평등에 대한 관심이 고조되고 있다. 동국대 김낙년 교수가 국세청 자료를 활용해 분석한 자료에 따르면, 우리나라 상위 10% 계층이 부동산 등 전체 부의 66%를 보유하고 있는 반면 하위 50%가 가진 자산은 1.7%에 불과하다. 특히 상위 5%가 전체 부의 절반 이상을 차지하고 있는 것으로 나타났다.

또 하나는 기업과 가계 간의 불평등 심화다. 즉, 우리나라의 기업은 부유해지고 가계는 가난해지고 있으며, 그 정도가 OECD 회원국 가운데 가장 심각하다.[14] 한국의 GDP 대비 가계소득 비중은 1995년 69.6%에서 2013년 64.3%로 5.3%p나 감소했다. 같은 기간 중 감소 폭이 경제협력개발기구OECD 국가 중 오스트리아(5.8%p 감소)에 이어 두 번째로 높다. 한국의 GDP 대비 가계소득 비중(64.3%)은 OECD 국가 중 노르웨이(59.4%), 아일랜드(62.2%), 체코(63.9%)에 이어 밑에서 4번째다. 가계는 이렇게 가난해졌는데, 기업은 오히려 부유해졌다. 외환위기 직전인 1996년의 국민총소득GNI 중 기업소득의 비중은 15.7%였으나, 2015년에는 24.6%로 8.9%p 수직 상승했다. 가계소득이 줄어든 자리를 기업이 차지한 것이다.

---

14 김용기, '가난해지는 가계, 부유해지는 기업', 신동아 2016년 9월호

한국은행 경제통계시스템의 가처분소득 통계가 나온 1975년부터 외환위기 전까지 가계와 기업소득의 연평균 증가율은 각각 8.1%와 8.2%로 거의 같았다. 하지만 외환위기 이후 상황은 달라졌다. 2000~2010년까지 가계의 소득증가율은 2.4%로 기업의 소득증가율 16.4%를 크게 밑돌았다. 특히 2009년 글로벌 금융위기 당시 가계와 기업의 소득증가율은 전년 대비 각각 1.6%와 21%로 무려 13배의 격차가 발생했다.[15]

그렇다면 한국에서 불평등이 심화된 이유[16]는 무엇인가? 첫 번째는 정부에 의한 재분배 체계가 제대로 작동하지 않고 있다는 점이다. 재정에서 복지에 들어가는 돈이 너무 적다는 의미다. OECD 평균보다 10% 이상 낮다. 그런데, 세수가 적으니까 복지 지출을 무작정 늘릴 수도 없다. 우리나라는 소득세가 GDP에서 차지하는 비중이 3.7%에 그쳐서 OECD 평균(8.6%)에 한참 못 미치고 있다. 복지 지출을 늘리려면 소득세를 더 걷어야 한다. 두 번째는 임금 상승률이 성장속도에 비해 낮다는 것이다. 2000~2014년까지 연 평균 경제성장률이 4.4%였는데 이 기간 평균 실질임금 상승률은 1.2%에 그쳤다. 쉽게 말해 성장의 과실이 고르게 분배되

---

15 강두용·이상호 (2012), '한국 경제의 가계 기업 간 소득성장 불균형 문제', 산업연구원
16 윤홍식, '한국 경제를 말한다(2) 양극화', 한국일보, 2016.7.13

지 않는다. 세 번째는 비농업부문을 중심으로 한 일자리 감소다. 일자리가 없으니까 양극화가 심해지는 것이다. 마지막으로 1997년 외환위기 이후 도입된 기업들의 성과주의 보수체계가 근로자 간 임금 양극화를 심화시켰다. 우리나라는 저임금 근로자 비율이 23.7%인데 이는 OECD 최고 수준이다. OECD는 장기간에 걸쳐 불평등이 심화하는 것은 고숙련 근로자가 기술발전에 따른 이익을 더 많이 누리기 때문이라고 풀이했다. 또 아무런 조치를 하지 않을 경우 지난 20년처럼 고소득층의 임금 상승률이 저소득층보다 더 높게 유지되면서 불평등이 심화할 것이라고 지적했다.

최근에는 우리뿐만 아니라 미국조차도 불평등이 심해지는 것을 걱정하고 있다. 노벨경제학상을 받은 스티글리츠는 《불평등의 대가price of inequality》라는 최근 저서에서 미국의 불평등을 신랄하게 비판하고 있다. 약 30년 전에는 미국의 상위 1%가 전체 소득의 12%를 차지했다면 2007년에는 17%를 차지하고 있으며, 불평등을 나타내는 지니계수 역시 미국이 다른 선진국에 비해 높은 수준이라는 것이다.

불평등은 왜 나쁜가? 스티글리츠의 연구에 따르면, 갈수록 심해지는 불평등은 공정한 승부와 기회 균등에 기초한 공동체 의식을 퇴보시키며, 나아가 생산성 감소, 효율성 감소, 성장 둔화, 불안정성 심화로 연결된다는 것이다. 불평등이 심해지면 값비싼 대가price를 치러야 한다는 것이다.

한참 기울어진 운동장

2018년 여름을 더욱 뜨겁게 달굴 러시아 월드컵 축구의 아시아 최종 예선이 시작됐다. 중국과의 첫 게임에서 3대 2로 아슬아슬하게 이겼다. 일방적인 게임은 재미가 없다. 엇비슷해야 보는 재미가 있다. 스포츠가 팬들을 끌어들이는 힘은 공정한 게임의 룰에 있다. 규칙 자체가 불공정하거나 심판이 한쪽 편을 든다면 게임의 승부는 뻔하다. 예를 들어 운동장이 왼쪽에서 오른쪽으로 기울어져 있다면, 왼쪽에서 오른쪽으로 공격하는 팀은 힘들이지 않고 골을 넣게 되고 수비하는 것도 너무 쉽다.

2008년 글로벌 금융위기 이후에 전 세계적으로 '기울어진 운동장' 논의가 거세다. 세계 자본주의의 메카라고 불리는 뉴욕의 월가를 점령하자는 시위가 오랫동안 지속되기도 했다. 2014년에 피케티가 쓴《21세기 자본》이 선풍적인 인기를 끌었는데, 그 배경에는 세계적으로 심화되고 있는 '불평등'이 자리하고 있었다.

2016년 여름 국회 입법조사처에서 낸 자료에 따르면, 우리나라 상위 10%의 소득이 전체 소득의 45%를 차지하고 있다고 한다. 우리나라의 소득집중도가 미국(48%)에 이어 선진국 가운데 두 번째로 높다는 것이다. 일본(41%)과 영국(39%)보다 높은 것은 물론 프랑스(32%)와 호주(31%)에 비해서는 한참 더 높다. 더 심각한 것은 소득집중도가 1995년 29%에서 2012년 45%로 급속히 악화됐다는 점이다. 1998년의 IMF 외환위기와 2008년의 글로벌 금융위기가 분배 구조 악화의 중요한 계기가 되었다는 지적이다.

경제적으로 기울어진 운동장은 왜 문제가 되나? 스티글리츠 교수에 따르면[17], 25년 전 미국 CEO의 보수는 일반 근로자의 30배 정도였지만, 현재는 200배를 넘었다고 한다. 이처럼 심각한 '불평등의 대가'는 막대하다. 사회통합력을 저해하고 사회갈등을 심화시키면서 민주주의의 위기를 초래함은 물론이고 경제적으로도 문제가 생긴다. 공교육을 비롯한 공공 투자가 감소하고 경제의 이동성이 하락하면서, 생산성과 효율성은 물론 궁극적으로는 경제성장률이 떨어지게 된다. 공정한 승부 의식, 기회균등 의식, 공동체 의식 등이 사라지는 것은 물론이다.

부족한 복지 지출

격차가 자꾸 커지고 있다면 정부의 적절한 개입이 필요하다. 국민들이 느끼기에 그 격차가 공정하지 못하다면 '게임의 룰'을 정비해야 한다. 그것이 정부의 존재 이유다. 지난 2012년 총선과 대선을 전후하여 보편적 복지와 무상복지를 둘러싼 여야 간의 공약

---

17 스티글리츠, '불평등의 대가', 2013

경쟁이 뜨거웠다. 여야를 막론하고 모든 후보들이 복지와 경제 민주화를 공약했다. 무상의료, 반값등록금, 무상보육 등의 시혜성 공약은 듣기에 참 달콤하다. 정부의 역할 강화를 주문한 것이다. 그런데, 정부의 가장 중요한 정책수단, 즉 예산은 충분한가? 복지에 들어갈 돈, 즉 세금을 마련해야 하는데 이게 말처럼 쉽지 않다.

일반인을 대상으로 여론조사를 해보면 우리나라 복지수준이 충분하다고 답변하는 사람은 10명 중 1명도 안 된다. 하지만 복지서비스 강화를 위한 재원조달 방안 가운데 본인의 부담으로 돌아오는 세율을 인상하자고 말하는 응답자 역시 10명 중 1명도 안 된다. 대부분의 국민들이 복지수준 향상을 원하고 다수가 무상복지 서비스에 찬성하지만, 정작 복지재원의 조달에 있어서는 '나의 비용부담은 가장 적게 그리고 가장 나중에' 하겠다는 '눔프NOOMP, Not Out Of My Pocket'의 모습을 드러낸다. 눔프는 님비의 사촌이다. 내가 사는 지역에 혐오시설의 입주를 반대하는 '님비' 현상처럼 다른 사람이 먼저 세금을 부담하고 나는 맨 나중에 세금을 부담하겠다는 '눔프' 현상 역시 얌체 같은 행동이다. 이처럼 복지에 대한 재원부담을 회피하려는 '눔프' 현상이 발견되는 배경에는 낮은 복지수준과 더불어 정부에 대한 낮은 신뢰도가 자리하고 있다.

2014년 기준 우리나라 복지 지출의 GDP 비중은 10.4%로 OECD 평균(21.6%)에 크게 못 미친다. 2015년 정부 예산 가운데 복지 예산의 비중은 30.8%로서 다른 선진국의 40%~50%보다 낮은 편이다. 여기서 한 가지 다행스러운 점은 우리나라의 조세부담 등 복지 지출 여건이 아직 상당히 양호하다는 사실이다. 조세와 사회보험이 국내총생산GDP에서 차지하는 비율인 국민부담률을 비교해보면, 2013년 기준 우리나라는 24.3%로 조사대상 30개국 중 28위를 차지했으며, OECD 평균(34.1%)보다는 10%p가 낮다. 가장 높은 덴마크(48.6%)에 비하면 거의 절반 수준이다.

대한민국 최고 흙수저

요즘 수저 이야기가 유행이다. 돈 많고 잘난 부모를 둔 아이들은 '금수저'고 그렇지 못한 평범한 아이들은 '흙수저'라는 것이다. '은수저 물고 태어나다'라는 서양 속담[18]에서 비롯된 얘기일 것이다. 모든 구성원의 재산이나 소득이 동일할 수는 없으며, 그런 사회란 이상적이긴 하지만 현실적이진 않다. 금수저, 은수저, 동수저, 흙수저 모두 사회 속에 존재하지만 존재 자체가 문제되는 것은 아니다. 흙수저로 태어났어도 열심히 노력하면 금수저로 이동할 수 있는 사회라면 문제가 안 된다. 그런 기회가 균등하다면 하등의

---

[18] 영어 속담에 'born with a silver spoon in his/her mouth'(입에 은수저 물고 태어나다)가 있다.

문제가 될 리 없다. 지금 우리 사회에서 문제가 되는 것은 한 번 흙수저로 태어나면 은수저, 금수저로 올라가기 어렵다는 점이다. 계층 이동이 어렵다는 좌절감과 패배의식이 팽배해져 있다. 전문가들의 연구에 따르면 우리 사회의 계층이동성이 실제로 과거에 비해 갈수록 떨어지고 있다고 해서 걱정이다.

대한민국 최고의 흙수저는 고 정주영 회장이다. 정주영 회장은 1915년 강원도 통천군 답전면 아산리에서 소작농의 8남매 중 장남으로 태어났다. 시쳇말로 '흙수저'다. 그의 호 '아산'은 고향 마을의 이름에서 따온 것이다. 가난한 농사꾼의 아들로 태어나 소학교밖에 나오지 못했지만 창의적 아이디어와 불굴의 도전정신으로 현대건설, 현대자동차, 현대중공업 등 세계적 기업을 일궈냈다. 아산은 스스로를 '부유한 노동자'라고 불렀다. 맨몸으로 사업에 뛰어들어 열심히 노력해서 큰 기업을 일구고 부를 거머쥐었지만 결국은 나도 여러분과 똑같은 노동자라는 겸양의 표현이었다. 또한 그는 기업을 키워서 경제성장에만 기여한 게 아니다. 남북 경협과 통일을 위한 기반을 닦았던 선구자적 노력도 타의 추종을 불허했다. 아산사회복지재단을 세워 의료 서비스 수준을 향상시켰고 장학사업에도 일찍 뛰어들었다.

미국 같은 선진 민주주의 국가에도 '은수저 물고 태어난 사람'이라는 속담이 있긴 하다. 하지만 마이크로소프트, 애플, 구글, 아마존 같은 새로운 벤처기업이 탄생해서 세계 최고의 기업으로 성장하는 역동성이 여전히 작동하고 있다. 그렇기 때문에 은수저 물고 태어난 사람이 있다고 하더라고 큰 문제가 안 된다. 우리나라에도 흙수저 물고 태어났지만 세계적 기업인으로 성장했던 '아산'과 같은 스토리가 더 많아져야 한다. 최근의 인터넷과 정보화 흐름 속에서 스타 기업으로 떠오른 네이버, 다음, 넥슨, 카카오 등이 좋은 예라고 할 수 있다. 스스로 '흙수저'라고 자조하면서 패배의식에 빠져 있는 지금의 청년세대에게 '기회의 문'이 활짝 열려 있음을 보여줘야 한다.

제3장

'행복한 경제' 만들기

"행복은 소비에 비례하며 욕망에 반비례한다."

― 폴 A. 새뮤얼슨 ―

문제는 경제가 아니다

　프레임 전쟁이 시작된다. 세상을 이해하는 틀이나 체계를 '프레임frame'이라고 한다. 정책을 홍보할 때 중요한 것이 프레임이다. 정책 홍보의 성과도 어떤 프레임으로 그 정책을 설명하느냐에 크게 좌우된다. 선거도 마찬가지다. 진보와 보수가 맞붙었을 때 똑같은 현상을 어떤 프레임으로 설명하느냐에 따라서 유권자들이 받아들이는 게 달라진다. 컵 안의 물이 절반 들어 있을 때, 물이 절반밖에 없다고 설명할 수도 있고 물이 절반이나 남아 있다고 할 수도 있다. 그 시대 상황에 맞게 그리고 유권자들이 처한 환경과 요구에 맞게 가장 설득력 있는 프레임을 만들어내는 것이 관건이다.

닉슨 대통령이 잘못 사용한 프레임의 사례를 들어보자. 1972년의 워터게이트 사건 후 한창 사임 압력을 받던 당시 닉슨 대통령이 TV에 나와 이렇게 말했다. "저는 사기꾼이 아닙니다." 그 순간 모두가 그를 사기꾼이라고 생각하게 되었다. 자기를 공격하는 상대편의 언어와 프레임을 스스로 확대재생산하는 오류를 저지른 것이다.

빌 클린턴 대통령이 성공적으로 사용한 프레임을 보자. 1991년 걸프전을 승리로 이끈 조지 H. W. 부시(시니어 부시) 대통령은 1992년 선거에서 당연히 재선될 것으로 낙관했다. 안보, 외교 등의 이슈로 선거를 이길 수 있다고 오판했다. 하지만 민주당의 젊은 대통령 후보 빌 클린턴은 미국 경제가 침체 국면으로 접어들고 있음에 주목했다. 국민들이 전쟁에 신물을 내고 있음을 간파했다. 그래서 "바보야, 문제는 경제야"라는 선거 구호를 전면에 내세웠고, 미국의 유권자들은 "바로 그거야"라면서 클린턴을 선택했다.

경제가 중요한 것은 미국이나 우리나 마찬가지다. 일제시대, 해방, 6·25전쟁 등 경제적으로 어려웠던 시기를 경험했던 우리의 아버지, 할아버지 세대들은 특히나 먹고사는 게 중요했다. 그래서 경제 프레임이 항상 먹혀들었다. 흔히 보수 쪽에서는 경제 활성화를 강조하고, 진보 쪽에서는 경제 민주화를 앞세웠다. '경제 활성화' 프레임은 지금 현재 경제가 침체 국면에 있으니 정부가 조금만 더 노력하면 된다, 경기 활성화를 위해 정부 예산을 좀 더 투입하는 등 경기부양을 위해 노력하겠다는 것이다. '경제 민주화' 프레임은 지금 현재 경제가 불공정하고 비민주적인 측면들이 많으므로 대기업과 중소기업의 동반성장, 공정한 거래, 약자에 대한 보호 등을 위해 노력하겠다는 것이다. 이처럼 경제 활성화와 경제 민주화는 현재의 경제 상황을 보는 시각과 그에 대한 처방이 다르다. 보수와 진보의 프레임이 그렇게 차별화되었다. 그런데 지난 2012년 대선에서는 진보와 보수를 가리지 않고, 여당과 야당의 대선후보 모두 경제 민주화를 주장했다. 그만큼 우리 사회에 격차와 불평등이 심각하다는 반증이었다.

2016년 출간된《비정상 경제회담》을 보면 '경제 활성화'와 '경제 민주화'를 넘어서 '경제 정상화'를 새로운 프레임으로 제시하고 있다. 경제 정상화라는 프레임은 현재의 경제가 '비정상적'이라고 보는 것이다. 현재가 비정상이니까 비정상을 정상으로 고쳐나가는 게 필요하다고 주장한다. 우리 경제의 여러 가지 문제점 중에서도 양극화, 가계부채, 부패, 노동, 재벌, 관료, 재정, 성장 등 8가지 분야에서 정상화가 필요함을 역설하고 있다.

오랫동안 우리가 중요하다고 했던 경제가 어느 순간 중요하지 않게 될 것이라고 생각하진 않는다. 하지만 우리가 너무 경제 프레임에 갇혀 있는 것은 아닌지? 경제만 강조하다가 '삶의 질'처럼 경제만큼 중요해지고 있는 부분을 놓치고 있는 것은 아닌지? 그래서 '저녁 있는 삶'이라는 슬로건에 많은 사람들이 호응하고 있는 것은 아닌지? 2017년 대선을 앞두고 프레임 전쟁이 코앞으로 다가왔다. 과연 앞으로 우리 사회가 나아가야 할 방향은 어느 쪽인지? 우리 경제는 어떤 경제여야 하는지? 성장은 어떤 성장이어야 하는지? 경제가 중요한 건 맞지만 그 밖에 중요한 것도 많아지고 있는, 과거와는 새로운 시대에 살고 있기 때문이다. 이제 2017년 이후의 경제정책을 준비하는 많은 전문가들이 밤잠을 설쳐야 하는 시기가 돌아왔다. 그 결과 우리 국민들이 2017년 이후에는 보다 더 행복해지기를 바란다.

'안정적 일자리' 만들기

한국 경제, 뭣이 중헌디?[1]

현재 한국 경제에서 가장 시급한 일이 뭐냐고 묻는다면, 필자는 감히 '고용안정성'이라고 답하겠다. 정부는 지금 '고용유연성'을 높여야 한다면서 노동개혁이라는 명분으로 밀어붙이고 있지만, 앞뒤가 바뀌었다. 상시 구조조정이라는 벼랑 끝에 몰려 있는 근로자들에게, 튼튼한 그물망이나 안전망도 없는 벼랑 아래로 뛰어내리라는 식으로 고용의 유연성을 주문하고 있는 격이다.

---

[1] "뭣이 중헌디? 뭣이 중헌지도 모름서…" 영화 '곡성'에서 아역배우(김환희)가 유행시킨 대사다.

이런 경우 노사합의가 불가능하다. 노사정위원회가 파행을 겪었던 배경이다. 먼저 고용의 안정성을 제고하고 나서 고용의 유연성을 요구하는 것이 제대로 된 순서다. 그것이 바로 스웨덴과 덴마크에서 성공리에 정착시켰던 '유연안전성flexicurity' 모델이다. 세계시장에서 경쟁해야 하는 기업들은 외부적 충격과 경영 실적에 따라서 직원을 불가피하게 해고할 수 있지만, 정부는 실업수당의 규모와 지급기한을 넉넉하게 부여함으로써 실업의 충격을 완충해주는 것이다. 실업자가 실업을 두려워하지 않는 사회를 만들면 된다. 그런 사회경제 시스템을 만들어야 한다. 그것이 바로 덴마크와 스웨덴의 국가경쟁력의 비결이고, 행복지수 상위권 국가의 비결이다.

그 담에 뭣이 중헌디? 두 번째로 중요한 것이 뭐냐고 물으면 '한국 경제의 역동성'이라고 말하겠다. 앞에서 얘기한 고용의 안정성은 지금 한국 경제의 상황에서 매우 중요하다. 그러나 일자리를 무조건 지키는 게 능사는 아니다. 그리고 실업자를 양산하고 나서 고용보험으로 뒷수습하는 것은 하책 중의 하책이다. 상책 중의 상책은 구조조정과 실업의 발생을 최소화하는 것이다. 고용보험 재정의 고갈을 예방하는 것이다. 그런데, 이것은 말처럼 쉽지 않다. 기업과 산업, 그리고 경제 전반의 역동성과 혁신성을 지속적으로 유지하면서 세계시장에서의 경쟁력이 하락하지 않도록 부단히 노력했을 때 가능한 일이다. 한발 더 나아가 좋은 일자리를 부단히 만들어내고, 장시간 근로를 줄여나감으로써 일자리를 청년·여성들과 함께 나누고, 직업훈련과 실업안전망을 확충함으로써 일자리를 지키는 것이 동시에 이루어져야 한다. 즉, 일자리를 만들고 나누고 지키는 것이 삼위일체가 되어 선순환하면서 돌아가는 것이 최선이다.

현대경제연구원이 1년에 두 번 실시하는 경제적 행복지수 조사결과를 보면, 안정적 일자리를 갖고 있는 공무원, 공기업 직원, 전문직 종사자의 행복지수는 평균적으로 항상 높게 나타난다. 반면 수입이 일정하지 못하고 일자리의 안정성이 부족한 '자영업 종사자'의 경우에는 행복지수 값이 매우 낮은 편이다. 결국 일자리의 안정성이 행복감에 결정적인 영향을 미친다. 행복에 관한 동서고금의 다양한 연구결과에서 일관되게 드러난 사실은 '고용의 안정성'이 행복과 직결된다는 것이다.

그렇다고 대한민국 5천만 국민이 다 공무원이 될 수는 없다. 모든 국민이 의사나 변호사가 될 수도 없다. 창의적이고 역동적이고 도전적인 일을 좋아하는 사람들에게 더 많은 기회와 성취가 주어지는 나라를 만들어서 의사나 변호사가 이들을 부러워할 정도가 되어야 한다. 그럼에도 불구하고 현실은 정반대다. 공무원, 의사, 변호사 등 안정적 일자리로의 과도한 쏠림 현상이 우려를 자아내고 있다. 그만큼 우리 사회가 역동적이지 않다는 것이다. '기회가 많지 않은 사회', '열려 있지 않은 사회', '계층 상승의 사다리가 무너진 사회'라는 것을 반증한다. 지난 1970년대와 80년대처럼 더 많은 학생들이 과학자를 선호하고, 기업인을 부러워할 수 있도록 우리 경제와 사회의 역동성을 다시 되살려야 할 것이다. 그래야 일자리를 만들고, 나누고, 지키는 선순환 사이클도 작동하기 쉬워진다.

실업이 두렵지 않은 사회

실업이 두렵지 않은 사회가 가능할까? 현재의 실업급여 체계를 어떻게 개선하면 실업의 공포를 다소나마 줄여줄 수 있을까? 현재는 고용보험에 최소 6개월 이상 가입해야 실업급여를 받을 수 있으며, 가입기간과 불입금액, 퇴직 전 3개월간의 월급여, 퇴직 시의 나이 등에 따라서 수급기간과 금액이 달라진다. 2016년 기준 실업급여의 1일 최고한도는 43,416원(월 130만 원 정도)이며, 수급기간은 최대 240일(8개월)로 제한되어 있다.

먼저 수급기간을 현재 최대 8개월에서 최대 12개월로 늘려보면 어떨까? 참고로 독일의 실업급여 지급기한은 12개월, 스위스는 18개월, 덴마크는 24개월까지로 되어 있다. 또 하나는 실업급여의 1일 최고한도를 현재의 4만 3천 원(월 130만 원) 수준에서 10만 원(월 300만 원) 수준으로 대폭 상향조정하는 것이다. 물론 실업 이전에 받던 월급여의 70% 수준을 넘지 않도록 하는 것이고, 본인이 납부한 고용보험료와 납입기간에 따라서 달라지기 때문에 과도하다고 할 정도는 아니다. 예를 들어 월 500만 원을 받던 고소득 근로자라고 하더라도 실업자가 되면 현재는 월 130만 원이 최고한도이기 때문에 소득대체율은 26%에 불과하지만 1일 최고한도를 10만 원으로 올리면 소득대체율은 60%가 된다. 현재 고용보험공단에서 실업급여를 계산할 때의 명목 소득대체율은 50%로 되어 있다. 실직 전 급여 대비 실업급여의 비율을 소득대체율이라고 하는데, 우리나라는 2014년 기준으로 실질 소득대체율은 평균적으로 43% 정도에 불과하다. OECD 회원국 평균은 69%이고 일본 69%, 독일 73%, 핀란드 80%, 덴마크 92%로 우리에 비하면 훨씬 높은 수준이다.

이와 같이 우리나라 실업급여의 수급기간을 240일(8개월)에서 365일(12개월)로, 1일 최고한도를 43,416원(월 130만 원)에서 10만 원(월 300만 원)으로 늘려보면 어떨까? 4인 가구 기준 최저생계비에도 못 미치는 실업급여 한도금액(월 130만 원)을 받으면서 도저히 안정된 생활을 영위할 수 없었던 중산층 이상의 실업자들에게 실업급여 확충은 큰 도움이 될 것이다.

다른 한편으로, 실업급여 최고한도가 2.3배 이상 크게 오른다면 고용보험 재정에 큰 부담이 생길 것이다. 기본적으로 실업급여는 고용보험료(사용자 0.65%, 근로자 0.65%) 수입을 토대로 지급된다. 고용보험 역시 적자를 보면서 운영하기란 쉽지 않다. 국민연금, 건강보험, 산재보험 등 다른 사회보험도 있기 때문에 각자 수익자 부담의 원칙을 지켜나가는 것이 나라살림의 건전성을 유지하는 지름길이다. 그런 맥락에서 보험금을 더 받기 위해서는 보험료를 더 내는 것이 필요하다. 현재 월급여의 1.3%인 고용보험료율을 3%로 올린다면 고용보험 재정에 큰 무리 없이 실업급여를 확충할 수 있을 것이다.

이것은 나만의 주장이 아니다. 사회보험 분야 권위자인 연세대 행정학과 양재진 교수[2]도 같은 주장을 한 바 있다. 이 경우 기업의 사회보험료 지출 부담이 커진다는 우려와 비판의 목소리가 있을 수 있지만, OECD 국가들과 비교하면 우리나라 기업의 사회보험료 지출 부담은 낮은 편에 속한다. 2013년 기준으로 고용주(기업)가 부담하는 사회보험료가 GDP에서 차지하는 비중을 계산해보면, OECD 국가들은 평균적으로 5.1%인 데 반해 우리나라는 2.9%로 상대적으로 부담이 낮은 편이다.

덴마크가 항상 행복순위 1위 국가로 선정되는 이유 중의 하나는 실업해도 충분히 실업 이전의 생활을 영위할 수 있기 때문이다. 덴마크나 스웨덴은 실업 직전 급여의 90% 정도를 2년 동안 지급하고, 새로운 기술을 익히도록 실효성 있는 직업훈련을 제공한다. 우리나라도 지금 당장 덴마크나 스웨덴처럼 실업급여를 대폭

---

[2] 양재진, "'증세' 내세워 집권, 꿈도 꾸지 말라!", 프레시안 2015.4.20 기사.

확충하면 좋겠지만, 천리 길도 한 걸음부터 시작하듯이 현재의 문제를 단번에 해결하려고 덤비지 말고 단계적으로 한 걸음 한 걸음 나아갔으면 좋겠다. 복지는 항상 재원 조달을 염두에 둬야 하기 때문이다. 나라예산을 쓰겠다는 분들은 많지만, 세금을 더 내겠다는 분들은 많지 않다. 따라서 쓸 곳 많은 세금을 실업급여 늘리는 데까지 끌어들이지 말고 수익자 부담의 원칙에 기초하여 고용보험료를 더 내는 쪽으로 의견을 모아갔으면 좋겠다. "고용보험료 올리고 실업급여도 올리자"는 논의를 시작하고, 합의를 도출하기 위해 노사정 모두 머리를 맞대고 고민을 시작해야 할 시점에 와 있다.

일취월장, 일취월시

우리 국민들은 일취월장(日就月將)이란 4자성어를 좋아한다. 단어의 뜻 그대로 '날마다 성취하고 달마다 발전'할 수 있다면 얼마나 좋을까? 일취월장했다는 칭찬을 들으면 누구나 날아갈듯 기분이 좋을 것이다.

일취월장은 《시경(詩經)》의 주송(周頌)편 경지(敬之)에 나오는 글귀다. 3,000년 전 중국의 주(周)나라로 거슬러 올라가보자. 주나라를 세운 무왕(武王)이 죽고 나이 어린 성왕(成王)이 대를 이었다. 나이가 너무 어려 숙부 주공이 7년간 섭정을 했다. 어린 성왕이 연로한 신하들 앞에서 자신의 포부를 밝힌다. "나는 아직 어리고 어리석지만 날마다 배워서 나아지고 달마다 발전日就月將할 것이니, 여러분도 맡은 바 업무에 충실하고 나에게 덕행을 보여주시오." 일취월장의 마음가짐으로 국정을 배웠던 성왕은 섭정이 끝나자 30년 동안 친정하면서 반란을 진압하고 영토를 넓히고 나라를 안정시켰다. 성왕 사후에도 주나라는 200여 년을 더 존속했다.

일취월장은 건배사로도 활용된다. 경상북도에서는 2016년부터 일취월장을 '일찍 취직해서 월급 받아 장가가고 시집가자'는 뜻으로 바꿔서 쓰고 있다. 경상북도에서 시행하는 청년 일자리 대책의 성공을 기원하는 취지라고 한다. 이처럼 의미가 달라진 짝퉁(?) 일취월장이 인구에 회자되는 것은 그만큼 현재 우리나라 청년들의 취업이 어렵기 때문이다. 오죽하면 고용빙하기, 고용절벽이라는 신조어까지 나왔겠는가?

정부에서도 청년실업 대책의 일환으로 '일-학습 병행'을 지원하고 있다. 경상북도의 '일취월장'과 같은 맥락에서 추진하고 있다. 특성화 고교와 마이스터 고교를 적극 지원하는 것은 물론 대기업이나 금융기관들의 고졸 채용을 장려하고 있다. 전문대학과의 연계도 시도하고 있다. 고졸 취업 이후 본인이 원하면 사이버대학이나 야간대학에 진학할 수 있도록 도와주는 것이다. 자연스럽게 일과 학습을 병행할 수 있는 여건을 조성하는 것이다.

그런데 어떻게 해야 '일취월장'이 가능해질까? 경쟁이 치열한 현실 속에서 대학 진학을 포기하기란 말처럼 쉽지 않다. 따라서 고졸 취업과 대학 진학을 선택할 수 있는 환경을 만들어주는 것이 필요하다. 예를 들면, 중학생들의 직업 체험을 늘리는 것이다. 자유학기제를 통해 폭넓은 직업의 세계를 알게 되면 자신에게 맞는 직업을 찾기가 쉬워진다. 자유학기제에 대한 중학생들의 반응이 상당히 좋다고 한다. 중학교에서 학교폭력이 감소하고 자살률도 감소하는 부수적 효과까지 있다고 한다. 수업에 대한 만족도가 높고 창의적 인재를 키워내는 데 기여하는 자유학기제가 고등학교까지 확산되기를 기대한다. 그렇게 된다면 고졸 취업과 대학 진학 사이에서 고민하는 학생들이 많아지고 '일취월장'도 많아질 것이다.

또 하나는 산업현장의 요구에 맞는 교육시스템을 정비하는 것이다. 예를 들면 국가직무능력표준NCS에 기반한 교육의 확산이다. 특성화고, 마이스터고, 전문대학 등에서 이루어지는 교육이 산업현장에서 요구되는 직무능력을 체계화한 국가직무능력표준NCS에 기반하여 이루어진다면 학생들의 취업능력이 제고되고 취업 가능성도 높아질 것이다.

사회적으로는 모든 직업을 귀하게 여기고, 기업 내의 불합리한 임금 격차를 줄이고, 능력과 성과에 기반한 인사 평가가 정착되어야 한다.

그렇게만 된다면 일찍 취직해서 월급 받아 장가가거나(일취월장), 시집가는(일취월시) 사례는 지금보다 훨씬 더 많아질 것이다. 그래야 50대의 어깨가 가벼워지고 60대의 노후도 편안해진다. 저출산 문제의 해결에도 기여하고 나라경제도 활력이 넘칠 것이다. 일취월장, 일취월시하는 청년들에게 박수를 보낸다.

청년들에게 참 미안하다

청년들의 일자리를 책임지고 있는 50대의 입장에서 얼굴을 들 수가 없다. 30년 전 필자의 청년 시절에 취업은 문제없었다. 취업 서류를 작성하기만 하면 학점이 2점대에 불과해도 합격이었다. 경제는 고도성장을 하고 일자리는 충분히 생겨났다. 오히려 좋은 사람 구하기가 어려웠다. 그런데 지금은 상황이 180도 변했다. 자기소개서를 200번가량 작성하는 것은 기본이라고 한다. 1박 2일 합숙을 통한 심층면접 등 절차도 까다로워졌다. 그래도 최종 합격은 하늘의 별따기만큼 어렵다.

숫자로 비교해보면 조금 더 명확해진다. 통계청의 2016년 8월 고용동향에 따르면, 청년실업률이 9.3%로 전년 동월 대비 1.3%p 증가했고, 17년 만에 최고치를 기록했다고 한다. 8월 기준으로는 1999년 8월에 10.7%를 기록한 이래로 가장 높은 수치다. 청년들의 일자리 사정이 1998년 IMF 외환위기 이후의 암울했던 시절과 비슷해졌음을 의미한다.

청년들의 취업이 어렵고 청년 실업자가 많다는 것은 무엇을 의미할까? 청년들의 얼굴이 어두우면 부모와 형제들의 얼굴도 어두워진다. 결국 청년의 문제는 청년만의 문제가 아니다. 그 청년에게 생활비와 용돈을 지불해야 하는 가구의 가처분소득이 줄어들고 그 가구의 소비 여력이 줄어들고, 나아가 경제 전체적으로 활력이 떨어지게 된다. 아울러 사회적으로도 청년들의 자살과 고독사가 증가하게 마련이다.

청년들이 경제적으로 독립하고 사회에 첫 발을 내딛기 위해 필수불가결한 요소는 바로 일자리다. 취업이 가장 중요하다. 그래야 결혼도 하게 되고 아이도 낳게 된다. 현대경제연구원의 '경제적 행복지수' 조사에 따르면, 20대의 경제적 행복을 가로막는 가장 큰 장애요인은 '일자리'다. 청년들이 취업하고자 하는 일자리는 근무 환경이 좋고 월급이 많으면서 안정적인 일자리다.

따라서 청년 일자리 대책의 첫 번째는 괜찮은 일자리decent job 만들기다. 우리 기업들이 해외가 아닌 국내에서 고용을 많이 창출할 수 있도록 투자 환경을 개선하고, 노사협력의 여건을 조성하고, 불필요한 규제를 없애주는 것이다. 그러나 현실은 암울하다. 우리나라 대기업들은 중국, 베트남, 멕시코, 폴란드 등 해외에서 공장을 더 세우고 일자리도 더 만들고 있다. 세계화 추세에 맞춰 해외 현지에서 물건을 만들어야 해외시장에 진입할 수 있기 때문이라고 한다. 그러나 국내에서도 고부가가치 제품과 서비스를 개발하고 만들어서 수출하는 것이 불가능하지는 않다. 독일이나 대만의 히든챔피언들이 그렇게 하고 있다. 국회, 정부, 대기업, 노조 등 이해관계자들이 머리를 맞대고 해법을 찾아야 한다.

두 번째 대책은 중소기업이다. 일자리의 88%를 차지하고 있는 중소기업 일자리를 대기업 일자리에 버금가도록 근무 환경을 개선하고 급여수준을 높여나가야 한다. 그러기 위해서는 중소기업의 매출이 늘어나고 수익성이 높아져야 한다. 이를 위해서는 중소기업의 연구개발 능력이 높아져야 하고, 해외시장 진출도 해야 한다. 대기업과 중소기업의 하도급 관행이 개선되는 등 동반성장이 궤도에 올라야 한다. 이처럼 국내 중소기업들이 세계시장에서 통하는 히든챔피언으로 업그레이드되도록 지원하는 대책이 필요하다.

세 번째는 스스로 창업하게 하는 것이다. 그런데 창업은 굉장히 위험하다. 실패 확률이 높다. 통계청의 사업체 생멸 통계에 따르면, 우리나라 신규 사업체의 3년 생존율은 50% 미만이고 5년 생존율은 33%에 불과하다. 5년이 지나면 신생기업 셋 중 둘은 없어진다는 것이다. 따라서 가능하면 재학 중에 일찍 창업하게 하고 실패도 일찍 체험하도록 하는 것이 최선이다. 재학 중에 창업을 하게 되면 선배나 교수들과 함께 고민하면서 문제를 풀어갈 수 있고, 장비나 사무실도 비교적 저렴하게 활용할 수 있다. 그래서 재학 중 창업은 실패에 따른 부담이 적다. 마이크로소프트, 애플, 구글의

CEO들이 그랬다. 그리고 실패 이후에도 계속 도전하겠다고 하면 그런 청년은 계속해서 청년 CEO의 길로 나아가면 되고, 방향을 전환하여 공무원 시험이나 민간기업 취업을 준비해도 그렇게 늦지 않게 된다.

더 좋은 것은 중학교 때부터 소질을 발굴할 수 있도록 다양한 체험프로그램과 직업교육을 활성화하는 것이다. 그렇게 되면 불필요한 사교육에 따른 사회적 낭비도 줄일 수 있다. 청년들이 일찍 일자리를 찾아 독립하고 결혼하고 아이를 낳고, 그래야 우리나라의 합계출산율이 1.2에서 2.1로 뒤집어지게 된다. 인구 감소에 따른 저성장의 늪에서도 벗어날 수 있다. 그렇게 하려면 중학생 시절부터 미리미리 독립을 준비할 수 있도록 교육시스템부터 정비해야 한다. 일찍 실패한 청년은 재기하여 성공하기도 쉽고, 취업으로 방향을 전환하기도 쉽다.

2%를 3%로 바꾸는 여성들

10월은 10월이다. 2017년 한국 경제의 성장률 전망치들이 속속 발표되고 있다. 현대경제연구원은 우리 경제가 2015년 2.6%, 2016년 2.5% 성장한 데 이어 2017년에도 2.6% 성장에 그칠 것이라고 전망했다. 3년 연속 2%대에 그친다는 암울한 전망이다. 다른 경제관련 기관들의 전망치도 비슷하다. 한국은행 2.9%, KDI 2.7%, 모건스탠리 2.3%, LG경제연구원 2.2%로, 대부분 2%대에 머물고 있다. 물론 미국과 유럽의 선진국들은 평균적으로 1%대에 그치고 있다. 선진국에 비하면 상대적으로 높다고 할 수 있지만, 우리나라가 인플레 없이 최대한 달성 가능한 성장률('잠재성장률')에 못 미친다는 것이 전문가들의 평가다. 자기 실력을 충분히 발휘하지 못하고 있어서 문제라는 것이다.

우리 경제가 보유한 실력을 제대로 발휘하지 못하고 있다는 대표적인 지표가 바로 낮은 여성 고용률이다. 15세 이상 인구를 기준으로 우리나라 여성의 고용률은 2000년 47.0%에서 2015년 49.9%[3]로 2.9%p 증가했다. 같은 기간에 남성 고용률은 0.4%p 증가하는 데 그쳤다. 하지만, 아직도 가야 할 길이 멀다. 우리나라 여성 고용률은 2015년의 남성 고용률 71.1%에 크게 못 미치는 것은 물론 스웨덴의 여성 고용률 65.5%에도 한참 못 미친다.

그렇다고 2000년 이후 지금까지 성과가 없었던 것은 아니다. 여성 고용의 증가에 따라 남녀 고용률 격차가 소폭이나마 감소했다. 대졸 이상 고학력 여성의 고용률도 2000년 58.4%에서 2015년 62.7%로 올라갔다. 20대 후반과 30대 초반 젊은 여성들의 고용률

---

[3] ILO(국제노동기구) 기준 고용률은 (취업자/15세 이상 인구*100)으로 구한다. OECD(경제협력개발기구) 기준 고용률은 (취업자/15세~64세 인구*100)으로 구하는데, 이 경우 분모가 작아져 5%p가량 고용률이 올라간다.

은 크게 상승했다. 여성의 임금근로자 비중, 정규직 비중, 관리직 비중도 증가했다. 남녀 임금 격차도 감소 추세에 있다.

그럼에도 불구하고 우리의 여성 고용은 아직 한계가 많다. 예를 들어 남녀 고용률 격차는 OECD 회원국 중 가장 큰 수준이다. 대졸 이상 고학력 여성의 고용률은 OECD 회원국 중 가장 낮은 수준이다. 출산과 육아 등에 따른 여성의 경력단절은 2000년이나 지금이나 비슷한 형편이다. 여성의 관리직 비중은 전체의 11.0%로 OECD 최저 수준이며, 여성의 비정규직 비중은 남성에 비해 14%p가량 높다. 남녀 임금 격차는 2014년 남자 중간값의 36.7%로, OECD 회원국 중 가장 큰 편에 속한다.

이처럼 여성 고용은 양적·질적으로 열악한 상태에 계속 머물러 있다. 현대경제연구원의 분석에 따르면, 경력단절이 심한 30~40대 여성의 고용률을 OECD 평균 수준으로 끌어올리면 2015년의 근로소득이 12.5조 원이나 순증하게 된다. 그리고 여성 일자리가 늘고 소득이 증가하게 되면 소비와 경제성장률에도 긍정적인 영향을 미친다. 아울러 저출산 문제를 푸는 데에도 기여하게 된다. 여성이 일하게 되면 출산율이 줄어들 것처럼 보이지만, 선진국의 사례를 보면 반대로 출산율이 올라갔기 때문이다. 여성이 일을 하고 소득이 올라가니까 아이도 더 낳게 되더라는 것이 선진국의 경험이다. 물론 아이를 믿고 맡길 수 있는 보육 인프라가 충분히 갖춰져 있다는 전제가 충족되어야 한다.

여성이 일자리를 갖게 되면 남성의 일자리가 없어지지 않을까? 그런 우려는 기우에 불과했다. 우리나라의 여성 고용률이 증가함에 따라 남성 고용률도 완만하게나마 증가해왔다. 나라 전체적으로 일자리가 증가하면서 남성과 여성 모두 고용률이 올라갔기 때문이다.

OECD도 지난 2012년 보고서에서 한국의 여성 경제활동 참가율이 남성 수준으로 올라가면 경제성장률이 연평균 1%p가량 상승할 것이라고 분석한 바 있다. 지금 2%대에 고착화되어 있는 성장률을 3%대로 끌어올릴 수 있는 방안이 바로 여성 고용률 증가라는 것이다.

나라경제 전반에 걸친 긍정적 효과를 감안한다면, 기업들이 여성 고용을 늘릴 경우에 받을 수 있는 경제적·제도적 인센티브를 지금보다 더 강화해야 한다. 일·가정 양립을 지원하고, '보이지 않는 차별'이 발생하지 않도록 해야 한다. 그래야 경력단절은 감소하고 여성 고용률은 올라갈 것이다. 그래야 나라경제 전체가 활력이 넘치고, 성장률이 2%대에서 3%대로 올라가고, 1인당 국민소득 4만 달러의 선진국으로 도약할 수도 있을 것이다.

구조조정과 일자리

　쇠는 두드릴수록 단단해진다. 사람은 시련을 극복할수록 성숙해진다. 기업도 구조조정을 거친 후에 더 튼튼해진다. 한국 경제도 1997년 IMF 외환위기를 겪은 후에 체질이 더 강해졌다.

　갈수록 시장에서의 생존 경쟁은 더 치열해지고 있다. 국내시장뿐만 아니라 세계시장에서도 마찬가지다. 과거처럼 높은 관세를 통해 국내시장을 보호할 수도 없다. 자유무역협정FTA을 통해 관세는 많이 낮아졌고 국내로 외국 기업들이 물밀듯이 들어오고 있다. 이와 같은 세계화와 개방화의 장점은 우리 물건을 세계시장에 폭넓게 내다팔 수 있다는 것이지만, 반면에 국내시장에서도 과거처럼 땅 짚고 헤엄치기 식의 사업은 불가능하다. 세계시장에서 경쟁력을 유지하기 위해 피나는 노력을 해야 한다. 경쟁력이 떨어지면 기업의 수익이 줄어들고 구조조정을 피할 수 없다. 수술대 위에 올라가야 한다. 수술 이후 체력을 다시 회복해서 세계시장에 다시 도전해야 하는 것이다.

　IMF 외환위기 이후 20여 년 동안 우리나라 제조업은 호황을 구가했다. 전자, 자동차는 물론 조선업, 석유화학, 철강 등도 오랫동안 실적이 좋았다. 하지만 중국의 기술력이 우리 턱밑까지 쫓아왔다. 일본은 아베 총리가 지난 2012년부터 추진 중인 '아베노믹스'[4]에 의거 엔화의 가치를 인위적으로 하락시킴에 따라 일본 기업들의 수출경쟁력이 크게 개선되었다. 중국이 성장하고, 일본이 다시 체력을 회복하면서 중간에서 샌드위치처럼 불리해진 우리 기업들의 설 자리가 크게 좁아졌다. 2008년 글로벌 금융위기 이후 해운업의 적자가 지속되면서 1위 기업이었던 한진해운이 법정관리에 들어갔다. 조선업도 중국 조선업체들의 선전과 수주물량의 감소로 대우조선은 물론 현대중공업조차도 어려운 처지에 놓여 있다. 철강이나 석유화학도 중국의 부상으로 고전을 면치 못하고 있다. 우리 경제를 대표했던 대기업들의 실적이 하락함에 따라 대규모 인력 구조조정과 사업 구조조정이 불가피한 상황이다. 그 여파로 지난 7월부터 9월까지 3개월 연속 제조업 부문의 일자리가 감소했다. 지난 1997년 IMF 외환위기 이후 처음 있는 일이다.

이처럼 우리 경제가 추운 겨울을 맞이하고 있다. 봄과 여름은 오래 전에 지나갔고, 가을을 거쳐 겨울이 코앞에 다가왔다. 사람의 몸도 나쁜 병에 걸렸을 경우 조기에 진단하고 적절한 처방과 수술을 거치면 다시 회복될 수 있다. 우리 경제도 마찬가지다. 그동안 방만했던 일부 산업과 업체에 수술이 불가피하다. 하지만 정확한

---

[4] 아베노믹스란 '2~3%의 인플레이션 목표, 무제한 금융완화, 마이너스 금리 정책'을 통해 일본 경제를 장기 침체에서 탈피시키겠다는 아베 신조(安倍晋三) 일본 총리(2012년 12월 취임)의 경제정책을 말한다. '잃어버린 20년'에서 벗어나기 위해 일본은행이 통화를 무제한으로 팽창하고 금리를 마이너스까지 내려서 엔화 가치를 끌어내리고 일본의 전자 및 자동차 기업들의 수출경쟁력을 인위적으로 지원하고 있다.

진단과 시의적절한 처방과 수술이 이루어진다면 곧 회복될 것이다. 일자리 감축도 불가피하겠지만, 실업급여와 직업훈련을 통해 충격을 최소화하는 것이 필요하다. 고용보험료를 매달 불입하는 것도 이런 경우에 대비해서다. 잔병치레하는 사람이 더 오래 산다는 말이 있다. 그만큼 병원에 자주 들러서 건강을 체크하고 몸 관리를 했기 때문이다. 기업도 마찬가지다. 잘나갈 때일수록 제3자의 경영진단과 조언을 겸허하게 받아들이고 긴장을 풀지 않고 경영혁신을 지속하는 기업은 100년 경영을 하게 된다. 독일의 지멘스, 미국의 GE 같은 기업이 그렇다. 세계적인 기업이면서도 항상 제품혁신과 경영혁신을 게을리 하지 않았기에 창립한 지 200여 년 동안 세계 최고의 기업으로 남아 있다.

안정적인 일자리는 거저 얻어지는 것이 아니다. 구조조정이라는 수술과 경영혁신이라는 제살깎기의 시련을 거쳐서 얻어지는 것이다. 지금 조선업과 해운업 등 일부 업종의 어려움은 충분히 극복 가능하다. 과거에도 경험했다. 고난의 시기를 넘어서야 한다.

노키아가 망했다. 세계 최고의 핸드폰 메이커가 애플의 아이폰 한 방에 휘청거렸다. 전화하고 문자를 주고받는 통신기기에서 손 안의 컴퓨터로 순식간에 경쟁의 그라운드가 변해버렸다. 노키아는 이 상황에의 대응이 늦었다. 운동장을 바꾸고, 게임의 룰을 바꾸고, 제품의 콘셉트를 바꿔버리는 창의적 역량에 있어서 애플이 노키아보다 앞섰던 것이다. 노키아는 망했지만 핀란드는 망하지 않았다. 핀란드 경제는 더 강해졌다. 노키아의 많은 직원들이 실업급여를 2년가량 받으면서 재취업하고 벤처기업을 창업하면서 핀란드 경제의 허리와 하체가 튼튼해졌다. AP통신의 보도에 따르면, '앵그리버드' 등 핀란드산 게임들이 대박을 터트린 데 힘입어 많은 신생 게임개발회사들이 핀란드 경제에 에너지를 불어넣고 있다.

핀란드 옆 스웨덴으로 가보자. 조선업으로 번창했던 스웨덴의 3대 도시 말뫼가 2002년 대형 선박건조용 크레인을 단돈 1달러에 울산 현대중공업에 팔면서 흘렸던 눈물을 '말뫼Malmoe의 눈물'이라고 한다. 스웨덴 조선업의 몰락을 상징하는 말이었다. 이제 말뫼에서는 눈물을 찾아보기 어렵다. '말뫼의 미소'로 바뀐 지 오래다. 말뫼는 신재생에너지 도시로 완전히 탈바꿈했다. 2020년 탄소중립 도시, 2030년 100% 신재생에너지 도시를 목표로 삼고 있다. 조선업 중심의 공업 도시가 쇠퇴하며 한때 절망에 빠졌지만, 이제는 신재생에너지를 가장 잘 활용하는 세계적인 에코 도시로 변신했다.

구조조정의 거센 파도가 우리 경제를 덮치기 일보 직전이다. 하지만 아무리 집채만한 파도라고 해도 기초가 튼튼하면 큰 문제가 안 된다. 일부 무너진다고 해도 다시 보수하면 된다. 몸에 비유하자면, 독감에 걸리거나 위암이 발견되었다고 해도, 기초체력이 튼튼하면 다시 회복할 수 있는 것과 마찬가지다. 문제는 구조조정으로 인한 일자리의 일시적 감소에 대비해야 한다는 것이다. 실업률이 올라갈 수 있다. 그럴 경우에 필요한 것이 사회적 안전망이다. 실업급여가 생활하기에 불편하지 않을 정도로 지급되어야 하며, 지급기간도 지금보다는 길어져야 한다. 새로운 일자리를 찾을 수 있도록 일자리 알선과 소개도 효율적으로 그리고 시스템적으로 이루어져야 한다. 새로운 기술을 익힐 수 있도록 직업훈련을 충분히 그리고 효과적으로 제공하여 새로운 직업을 찾기 쉽도록 도와야 한다. 지금 우리나라의 실업급여나 직장소개, 직업훈련 시스템은 기대에 못 미치는 것이 사실이다. 이에 대한 보완도 시급하다. 구조조정에 대한 거부감을 줄이고 그로 인한 부작용을 최소화하려면 실업급여나 직업훈련 등의 사회적 안전망이 잘 갖춰져 있어야 한다. 그래야 구조조정으로 인한 일시적 실업자 증가와 그로 인한 사회적 문제가 자연스럽게 그리고 부드럽게 해소될 수 있고, 사회적 비용도 궁극적으로는 최소화될 수 있다.

반드시 실패하라

반드시 실패하라. 어처구니없게도, 이 말을 사훈으로 삼고 있는 회사가 있다. 구글이다. 구글의 8가지 혁신원칙 중 하나가 바로 '실패 장려하기'다. 자주 실패하고, 빨리 실패하고, 진취적으로 실패하라고 가르치고 있다. 새로운 버전의 제품과 서비스를 신속히 출시하고, 고객의 의견을 얻어서 더 나은 제품과 서비스로 개선해 가라는 얘기다. 이 얘기는 실패를 자산으로 인식하고 실패를 해도 전혀 부끄럽지 않은 회사에서나 가능하다. 그런 분위기 속에서 애플의 아이폰이 나오고, 구글이나 페이스북처럼 세계를 선도하는 기업이 나온다.

반드시 성공하라. 이것은 우리나라의 얘기다. 우리는 한 번 어긋나면 '실패자', '무능한 사람'으로 낙인을 찍어버린다. 금융기관은 이런 낙인이 찍힌 사람에게 대출을 해주지 않는다. 그런 분위기에서 우수한 사람들은 창업이나 새로운 분야에 도전하지 않게 된다. 9급 공무원 시험의 경쟁률이 40대 1에 달하고, 우수한 고등학생들은 대부분 1순위로 의대를 지망한다. 이런 분위기에서 누가 새로운 기술을 개발하고, 새로운 아이디어로 창업에 도전을 하려고 할 것인가?

알파고와 이세돌의 대국은 우리나라에 엄청난 충격을 몰고 왔지만, 다른 측면에서는 축복이었다. 우리나라 5천만 국민들에게 세계 최첨단 과학기술의 현 주소를 보여줬다. 그리고 우리나라의 소프트웨어 산업과 기술의 현주소는 얼마나 뒤져 있는지 알 수 있게 해줬다. 새로운 변화의 계기는 반성에서 비롯된다. 우리나라 과학기술 중에서 미국과의 기술 격차가 가장 크게 벌어져 있는 것이 바로 인지컴퓨팅, 사물인터넷, 빅데이터 등 최첨단 ICT 기술이다. 알파고와 관련된 기술들이다. 우리나라 소프트웨어 기술과 관련 산업의 경쟁력이 세계 추세에 크게 뒤처져 있다. 소프트웨어 산업의 척박한 환경은 널리 알려져 있지만 여전히 크게 변하지 않고 있다. 아직도 프로그래머라고 하면 '밤새 코딩하는 노가다'로 알려져 있다. 이런 상황이 계속되면 사람이 알파고를 부리는 시대에 우리는 알파고가 사람을 부리는 비참한 상황에 놓일 수도 있다.

해법은 무엇인가? 알파고를 만들어낼 수 있을 정도로 혁신적인 경제로 탈바꿈해야 한다. 구글이나 페이스북 같은 세계 최첨단 ICT 기업이 한국에서 나올 수 있을 정도가 되어야 한다. 우리의 현실은 어떠한가? 세계경제포럼WEF에서 우리 금융의 경쟁력을 80위라고 평가해서 81위의 우간다와 비슷하다는 조롱을 받은 적이 있다. 물론 기업인들의 주관적인 평가결과가 많이 반영되어 있다고는 하지만 금융기관의 고객들이 그렇게 평가한 것을 아프게 받아들여야 한다. 과학기술 투자는 양적으로 앞서가지만 질적으로는 만족스럽지 않다. 투입하는 예산에 비해 산출되는 기술이나 특허 등이 미흡하여 효율성이 떨어진다는 지적이다. 외국인 연구자와의 공동 연구개발, 국제협력을 통한 특허출원 등 연구개발의 개방성과 관련된 지표들도 미흡한 수준이다. 월 300만 원의 근로자가 실업 2개월째에 받는 실업급여가 덴마크는 276만 원, OECD 회원국 평균은 204만 원인 데 비해, 한국은 129만 원에 불과하다. 이처럼 사회안전망이 부실한데 누가 도전하겠는가? 빈부 격차가 벌어지는 등 사회통합의 수준도 떨어진다. 게다가, 혁신적인 제품과 서비스를 구매해줄 유효수요가 존재해야 하는데, 가계부채는 늘어나고 집값은 올라감에 따라 집집마다 여윳돈이 부족한 것이 우리의 실상이다.

아직도 부동산으로 쉽게 돈 벌 수 있고, 독과점으로 담합해서 높은 초과이득을 얻을 수 있는 '지대추구형 경제rent-seeking economy'의 그림자가 남아 있다면 어느 누가 '혁신추구형 경제'로 나아가려고 할 것인가? 혁신적인 기업가가 존경받고 보상받는 사회, 실패가 장려되고 자산으로 인정받는 사회, 실패해도 최소한의 생활에는 지장이 없는 사회가 되어야 우리나라에서도 알파고 같은 인공지능 프로그램이 개발되어 나올 것이다. 구글이나 페이스북 같은 최첨단 ICT 회사가 우리나라에서 창업할 수 있고 성공할 수 있어야 수많은 좋은 일자리가 만들어질 것이다.

창조경제를 강조하고 있는 현 정부에서 가장 효과적인 창조경제 정책은 바로 '실패를 장려하는 것'이다. "나 실패했어." "잘했네. 이제 성공할 확률이 높아졌네. 축하해." 이런 대화가 카페에서 그리고 길거리에서 자연스럽게 들려오길 꿈꿔본다.

알파고 시대의 일자리

알파고 다음은 '베타고'라고 한다. 더 많고 그리고 더 수준 높은 인공지능AI 프로그램들이 인간을 시험에 들게 하려고 기다리고 있다. 알파고가 이세돌 9단에게 3연속 불계패를 안겼을 때 만감이 교차했다. 알파고를 개발한 구글의 책임자는 아직 시험단계에 불과하다고 겸손을 떨었지만 나는 공포에 떨었다. 인공지능AI의 수준이 이 정도까지 발전했을 줄이야. 영화 〈터미네이터〉나 〈매트릭스〉에서 봤던 스토리가 이제 현실이 되는 것인가? 구글의 자율주행자동차와 드론이 변화시킬 미래는 어떤 모습일지 궁금하면서도 두렵다.

알파고에 놀라면서 많은 사람들이 가장 걱정한 것은 '일자리'였다. 과연 앞으로 우리의 일자리는 어떻게 되는 것인가? 인공지능AI을 장착한 로봇이 인간의 일을 대신하게 되는 것은 아닐까? 그렇다면 미래의 인간은 도대체 어떤 일을 하고 있을 것인가?

과거에 기계는 인간의 부족한 일손을 보완해줬다. 필자가 시골에 살던 1960~70년대만 하더라도 도리깨질을 했고, 홀태를 사용하기도 했다. 그러더니 발로 구르는 수동탈곡기가 나왔고, 모터가 달린 자동탈곡기와 경운기를 활용했다. 얼마 지나지 않아 콤바인으로 벼 베기와 탈곡을 혼자서 끝내버리게 되었다. 지금 농촌에서는 모내기, 벼 베기, 탈곡 등 중요한 공정을 기계가 대신해주면서 도시화와 고령화의 빈틈을 농기계들이 메워주고 있다.

로봇은 소위 3D 작업을 대신해줬다. 자동차 생산라인에 들어가보면 위험하고 어렵고 지저분한3D 작업들을 로봇이 대신하고 있다. 자동차 생산의 자동화는 과거에 비해 크게 진전되어 있고 앞으로도 더 진전될 것이다. 자동차 1대 생산에 필요한 근로자의 숫자도 갈수록 줄어들 것이다. 그렇다고 수십 년간 숙련된 자동차 마이스터의 세심한 눈길과 손길마저 필요 없는 것은 아니다.

이제 인공지능은 인간의 창의적 업무에까지 도전하고 있다. 구글의 자율주행자동차는 현재 시속 40킬로미터 정도에서 안전운행을 할 수 있다고 한다. 테스트단계에 있다. 하지만 시속 200킬로미터의 속도로 안전운행을 할 수 있게 된다면 구글의 무인자동차는 상업화의 수순을 밟게 될 것이다. 택시나 자가용을 운전하는 일자리가 줄어들 수 있겠지만 그렇다고 그 일자리 자체가 완전히 사라지진 않을 것이다. 1990년대에 인터넷이 등장하면서 종이신문이 사라지고 종이책이 사라질 것이라고 했다. 하지만 필자는 아직도 집에서 신문을 구독하고 종이책을 보는 즐거움을 포기하지 않았다. 컴퓨터와 인공지능AI의 발달로 많은 직업이 줄어들거나 사라질 것이다. 고통스럽겠지만 그분들은 새로운 기술을 익히고 새로운 일자리를 찾아야 한다. 인공지능AI을 조류독감AI처럼 두려워하지만 미리 준비한다면 두려워할 필요가 없다.

미래의 일자리는 어떤 일자리일까? 지금보다 더 창의적이고,

더 개인적이고, 더 프리랜서 스타일이다. 이제 구글의 드론이 보편화된다면 배달 업무처럼 단순한 일자리는 줄어들 수밖에 없다. 인공지능과 로봇의 보편화에 미리 대비하면서, AI와의 공존, 상생, 동반성장을 모색해야 한다. 인공지능과 이를 장착한 로봇이 대신할 수 없는, 대신하기 어려운 일은 무엇인가? 인간의 휴식과 감성에 관련된 일, 예술적이고 창의적인 일, 미래 사회의 예측과 관련된 일 등에 더 관심을 가져야 할 것이다. 우리의 교육도 알파고에 대응할 수 있어야 한다. 초중등교육과 대학교육도 이처럼 빠른 과학기술 및 사회의 변화에 대응해야 한다.

알파고 역시 약점은 있었다. 이세돌 9단이 3패 끝에 1승을 했다. 아무리 학습능력을 지니고 있고 스스로 진화하는 능력을 지닌 알파고라고 하지만 그 역시 인간이 짜넣은 프로그램의 틀 속에서 작동하는 것이다. 수많은 빅데이터와 1,200대에 달하는 슈퍼컴퓨터의 네트워크를 벗어나는 창의적인 수手에 알파고가 '떡수'를 연발했고 이세돌 9단에게 무릎을 꿇었다.

지금 선진국의 인공지능AI 관련 기술이 우리가 생각했던 것보다 훨씬 더 수준 높다는 점은 부인할 수 없다. 수십 년 뒤처진 대한민국의 AI 관련 연구개발에 박차를 가해야겠다. 창조적 교육으로의 전환도 시급하고, 인공지능 기술의 윤리적 활용 방안도 강구해야 한다. 소 잃고 외양간 고치는 격이지만 그것도 안 하면 또 소를 잃는다.

4차 산업혁명과 일자리의 미래

18세기 후반의 1차 산업혁명은 말이나 사람의 힘으로 굴러가던 마차나 인력거를 증기기관차와 철도로 바꿔놓았다. 사람의 노동을 기계가 대신하기 시작했다. 19세기 후반의 2차 산업혁명은 전기의 보급으로 컨베이어벨트를 사용한 소품종 대량생산을 가능케 했다. 20세기 후반의 3차 산업혁명은 컴퓨터와 ICT(정보기술)의 보급으로 고객맞춤형 다품종 소량생산을 가져왔다. 21세기 초반의 4차 산업혁명에서는 사물인터넷, 디지털 연결, 빅데이터 등의 신기술을 통해 자동화와 연결이 극대화되는 스마트 공장이 가능해진다. 가상세계와 현실세계가 통합적으로 관리되는 가상-현실 통합시스템Cyber-Physical System을 통해 수집된 디지털 데이터를 분석하고, 더 나은 제품과 서비스를 제안하고, 이를 통해 개인화된 주문형 생산이 가능해질 전망이다. 나아가 자동제어가 가능해지는 '스마트 공장'의 모습으로 진화되게 된다. 판매된 제품의 고장을 미리 파악할 수 있게 되면서 고객서비스도 사후서비스A/S에서 예측서비스P/S, Predictive Service로 전환될 전망이다.

이 같은 4차 산업혁명에서 앞서가는 두 나라는 독일과 미국이다. 독일은 '인더스트리 4.0'이라는 국가 주도의 제조업혁신 프로젝트에 대학과 연구소, 기업이 공동으로 참여하고 있다. 지멘스, SAP, 도이치텔레콤 등이 독일에서 '4차 산업혁명'을 선도하고 있다. 특히 지멘스는 세계에서 첫 번째로 암베르크 공장을 스마트 공장으로 전환시키는 데 성공했다. 설립된 지 170여 년 지난 지멘스는 중후장대형 제품의 제조업체에서 디지털 솔루션 제공업체로 변신하려고 노력하고 있다.

미국은 오바마 대통령 취임 이후 '제조업 르네상스'를 선언하고 첨단제조업의 혁신을 지원하고 있다. 미국은 오랜 전통에 의거 GE, 아마존, 구글 등 기업들이 '4차 산업혁명'을 주도하고 있으며 정부는 뒤에서 간접적으로 지원하는 역할이다. 미국을 대표하는 제조업체 GE도 2015년에 이멜트 회장이 '세계 10대 소프트웨어 회사'라는 새 비전을 선포했다. 오랫동안 GE의 '캐시 카우Cash Cow'[5] 역할을 해왔던 가전 사업부를 중국의 하이얼에 팔아버렸다. 그리고 'GE디지털'이라는 새 회사를 세웠고, 산업인터넷 플랫폼 '프리딕스Predix'를 선도적으로 출시했다. 그리고 '프리딕스'를 산업인터넷 운영체제의 세계표준으로 만들기 위해 세계 각국의 유력한 제조업체와 소프트웨어 업체들을 '산업인터넷컨소시엄IIC'에 끌어들이고 있다. 이처럼 독일과 미국에는 '4차 산업혁명'의 바다에 먼저 뛰어드는 '퍼스트 펭귄'[6]들이 제법 많이 활약하고 있다.

---

[5] 마케팅원론에서 수익성과 성장성이 모두 낮지만 오랫동안 꾸준히 수익을 내고 있는 사업을 젖소에 비유해서 '캐시 카우(Cash Cow)'라고 부른다.

[6] 펭귄을 잡아먹기 위해 물속에 숨어 있는 바다표범 등을 무서워하지 않고 가장 먼저 바다로 뛰어드는 펭귄을 '퍼스트 펭귄'이라고 부르며, 가지 않은 길을 과감하게 도전하고 개척하는 사람도 '퍼스트 펭귄'이라고 부른다.

우리는 다른 선진국에 비해 제조업의 비중이 높은 편이다. 따라서 독일과 미국, 중국, 인도, 일본 등에서 국가적으로 전력을 다해 밀어붙이고 있는 '4차 산업혁명'의 물결에서 뒤처지면 곤란하다. 대기업의 좋은 일자리들이 사라지게 될 것이기 때문이다. 적극적으로 '4차 산업혁명'의 흐름에 올라타야 한다.

그러면 4차 산업혁명의 시대에 '일자리의 미래'는 어떻게 될 것인가? 비관적 전망과 낙관적 전망이 교차하고 있다. 2016년 1월에 열린 세계경제포럼에서는 500만 개 정도의 일자리가 사라질 것이라고 했다. 텔레마케팅, 비서 등 인공지능 기술이 대체하기 쉬운 일자리는 위험에 빠질 것이며, 소프트웨어 개발 엔지니어, 전문경영인, 의사 등은 상대적으로 덜 위험할 것이라고 예측했다.

비관적 전망만 있는 것은 아니다. 일자리가 많이 사라질 것이라고 예측하는 것은 무지의 소치라는 얘기다. 우리가 4차 산업혁명으로 인해 새롭게 생겨날 일자리가 어떤 것인지를 세세하게 잘 모르기 때문에 '새로 창출되는 일자리 숫자'가 과소평가된다는 것이다. 즉, '4차 산업혁명'의 경우에도 새로 생겨나는 일자리와 사라지는 일자리의 숫자가 엇비슷할 것이라는 낙관적 전망이 성립한다.

확실한 것은 기술의 변화가 급격하게 진행될 것이라는 점이다. 필요한 것은 '평생학습' 시스템을 통해 새로운 기술을 계속해서 학습할 수 있도록 뒷받침해주는 것이다. 일과 학습을 병행할 수도 있다. 자신의 기술이 쓸모없게 되어버리는 경우를 대비하여 새로운 기술, 더 어려운 기술을 방통대학, 사이버대학, 폴리텍대학 등에서 지속적으로 공급해줘야 할 것이다.

한국방송통신대학의 영어 명칭은 국립개방대학Korea National Open University이다. 한 학기 수업료는 35만 원, 1년 두 학기의 수업료가 70만 원이다. 부담 없는 수준이다. 예를 들어, 15년 이상 또는 20년 이상 고용보험료를 불입한 근로자들에게는 방송통신대학이나 사이버대학에 50%의 학비만 부담하고 입학하여 공부할 수 있도록 한다면 어떨까? 급격한 기술변화에 적응하고 새로운 기술을 습득하는 것을 도와주는 평생학습 시스템이 절실하다.

찔레꽃처럼 노래하기

빅토르 위고의 소설 《웃는 남자》는 슬프다. 《레미제라블》만큼이나 가슴 아프고 감동적이다. 겉으로는 웃는 얼굴을 하고 있지만 속으로는 울고 있는 남자 '괭플랜'에 관한 이야기다. 장사익의 노래 '찔레꽃'도 슬프다. 하지만 내가 보기에 그는 웃고 있다. 슬픈 노래를 부르며 겉으로는 울고 있지만 속으로는 웃고 있다는 얘기다. 노래 부르는 게 행복해서다.

장사익은 늦깎이 소리꾼이다. 60대 중반을 넘겨 칠순을 바라보고 있지만 가수로 데뷔한 지는 20년밖에 되지 않았다. 몇 년 전

예술의 전당에서 장사익의 '찔레꽃' 공연을 본 적이 있다. 라디오와 TV, CD로 들었던 노래와는 확실히 느낌이 달랐다. 무대와 객석의 모든 공간을 빈틈없이 메워나가는 그의 허스키한 목소리가 가슴 속에 오래 남아 있었다. 1995년에 그가 작사 작곡하고 노래까지 부른 '찔레꽃'은 가사와 노래가 아주 단순하다. 기교가 없다. 누구나 쉽게 따라 부를 것 같다. 하지만 불가능하다. 장사익의 느낌을 살릴 수가 없다. 그의 노래는 들으면 들을수록 가슴 한구석이 찌르르 아파온다. "찔레꽃 향기는 너무 슬퍼요. 그래서 울었지, 밤새워 울었지" 이 부분에서 대부분의 관객들은 울게 된다.

그의 노래가 묵은 장맛처럼 깊이 있는 이유는 무엇일까? 쉬운 노래를 감동적으로 부르고 관객들이 거기에 교감하는 비결은 무엇일까? 그의 인생에 답이 있다. 그는 상고를 졸업하고 보험회사에 취직했다. 군대를 마치고 나와 보니 그 회사는 다른 회사가 되어 있었다. 무역회사에 들어갔다. 1970년대의 석유위기로 그 회사도 문을 닫았다. 딸기장사를 하고 가구 외판원을 하고, 연구소 경리과장도 했다. 금성알프스전자와 청계천 전자상가의 직원이기도 했고, 독서실을 운영하다가 급기야는 매제가 운영하는 카센터에서 허드렛일을 하게 되었다. 그게 15번째 직업이었다. 그러다 태평소를 불게 되었고, 노래를 부르게 되었다. 행복했다. 소리꾼과 예술인은 그의 16번째 직업이 되었다. 그리고 그의 인생이 바뀌었다. 처음으로 일하면서 행복을 느끼는 직업을 갖게 되었는데 그의 나이 45세 때의 일이다. 이처럼 숙성된 인생의 경험에서 우러나오는 속 깊은 목소리가 관객들의 심금을 울렸다.

그가 요즘 청년세대들에게 한마디 했다. 제발 대기업만 기대하지 말고 어디든 부딪혀보라고 충고한다. 15전 16기를 했던 자신의 경험에서 우러나온 얘기다. 밥벌이의 지겨움을 글로 썼던 소설가 김훈 역시 젊은 세대들에게 돈과 밥의 중요성을 강조한다. 물론 1940년대에 태어난 장사익, 김훈의 시대와 1990년대에 태어난 요즘 20대들의 시대는 전혀 다르다. 단순히 50여 년의 격차보다 훨씬 큰 차이가 존재한다. 그들이 자랄 때에는 집에 밥이 부족했고 끼니를 해결하는 것이 중요했지만 요즘 청년들에게 밥은 문제가 안 된다. 부모들이 먹여준다. 성취감과 행복감을 느낄 수 없는 직장이라면 아예 쳐다보지도 않으려고 한다. 100만 명의 외국인 노동자들이 우리나라에 들어와서 일하고 있는 것과도 연결되어 있다.

이런 상황에서 문제를 풀어가는 것이 쉽지 않다. 청년들에게 눈높이를 낮추라고만 할 수는 없다. 그렇게 단순하지 않다. 그 눈높이를 만든 기성세대와 우리나라 교육시스템, 사회구조에 대해서도 책임을 물어야 한다. 직업을 바라보는 눈에서부터 시작해서 직업교육을 정규교육과 조화시키는 문제, 직업훈련을 내실화하는 문제, 취업·처우·승진 등 노동시장에서 학력 격차를 해소하는 문제, 급여 구조를 직무급 중심으로 바꾸는 문제, 중소기업에 대한 시각을 교정하는 문제, 중소기업의 수익성을 높이는 문제 등과 얽히고설켜 있다.

일단, 중소기업에 대한 시각을 바꾸는 것에서부터 시작했으면 좋겠다. 그러려면, 세계시장에서 성공적으로 사업을 하는 중소기업의 스토리를 많이 발굴해야 한다. 중소기업의 중요성을 강조하면서 《작은 것이 아름답다》라는 책을 냈던 슈마허의 얘기가 우리나라에서도 조만간 실현되기를 바란다. 그러고 나서 청년들의 도전정신을 주문해야 한다. 벤처기업에서 일하는 청년들이 겉으로도 웃고 속으로도 행복했으면 좋겠다. 너무 웃어서 주름이 자글자글한 장사익의 얼굴이 너무 부럽다.

희망은 '신경제'에 있다

1990년대 미국은 '신경제New Economy' 호황에 취해 있었다. 당시의 빌 클린턴 대통령은 신경제 호황 탓에 손쉽게 재선에 성공했고 여러 가지 스캔들에도 불구하고 임기를 끝까지 마칠 수 있었다. 당시 미국의 '신경제'는 높은 경제성장과 지속되는 경기호황 하에서도 물가는 안정적으로 유지되는 새로운 경제현상이 가능함을 보여주었다. 개인용 컴퓨터PC와 인터넷, 정보통신기술의 보급에 따라 범위의 경제, 수확체증의 법칙, 네트워크 효과 등 과거와는 다른 경제법칙이 적용되는 것 역시 '신경제'의 특징이었다. 미국의 실리콘밸리는 세계 투자가들의 이목을 집중시켰으며 시스코, 마이크로소프트, 애플, 아마존 등 새로운 스타 기업을 키워냈다. 그 토대 위에서 지금의 페이스북과 구글도 성장할 수 있었다.

한국도 과거 '신경제'의 덕을 봤다. 컴퓨터와 인터넷, 정보통신기술의 보급은 한국에서 충분히 빠르게 이루어졌다. 초고속 인터넷과 모바일 인터넷의 보급을 토대로 삼성전자는 스마트폰 생산에 있어서 애플과 함께 세계시장을 선도하고 있다. 1945년 해방 당시 세계에서 가장 가난한 나라였는데, 70년 이후 지금은 최첨단 핸드폰을 만들어내고 있다는 것이 참으로 자랑스럽다. 1998년 외환위기 이후의 고통스런 구조조정의 시련을 통해 한국 기업은 국제경쟁력을 더욱 강화할 수 있었다. 그리고 15년 이상 세계시장에서 우수한 품질의 제품과 서비스를 토대로 경상수지 흑자 구조를 정착시켰다. 2016년에도 800억 달러 이상의 흑자가 예상된다.

신경제는 평생 신경제가 아니다. 클린턴이 누렸던 긴 호황은 부시에게는 짐이 되었다. 전임자가 물려준 환상 속에서 정신을 못 차린 부시에게 찾아온 것은 2008년 글로벌 금융위기의 혹독함뿐이었다. 2017년 현재 누구도 정보통신기술의 보급과 그에 따른 새로운 경제현상을 '신경제'라고 부르지 않는다. 1990년대 당시에는 새로운 패러다임이었지만 지금은 확립된 기존 패러다임이 되어버렸다. 새로운 패러다임이 도래하면 언제든 자리를 내줘야 할 입장이다. 전기와 철도가 보급되고, 전화와 자동차가 대중화되던 시기에도 엄청난 사회경제적 변화가 있었던 것처럼 인터넷과 정보통신기술이 초래한 신경제 역시 사회를 총체적으로 변화시켰다. 그리고 지금은 더 새로운 패러다임의 출현을 기다리고 있다.

한국 경제에 먹구름이 몰려오고 있다. 지금까지 나름대로 순항했다고 할 수 있는 한국 경제 호의 앞날이 그리 긍정적이지 않다. 중국은 수출중심의 고도성장을 포기하고 내수 활성화와 균형 발전이라는 새로운 목표를 향해 방향을 틀었다. 미국은 제조업 르네상스라는 기치 하에 해외로 나갔던 공장들을 다시 미국으로 불러들이고 있다. 일본은 20년 불황을 종식시키기 위해 아베노믹스와 엔화 약세라는 무리수를 밀어붙이고 있다. 이처럼 한국을 둘러싼 경제 환경이 급격히 악화되고 있다.

중국과 일본 사이의 샌드위치처럼 답답한 작금의 상황이야말로 '신경제'가 꼭 필요하다. 지금 한국 경제에 필요한 '신경제'는 1990년대 미국에서 시작되었던 '신경제'가 아니다. 기존 한국 경제가 익숙해 있던 패러다임과의 결별, 즉 과감한 환골탈태라는 의미에서 훨씬 더 깊고 넓은 의미의 '신경제'다. 보다 창의적인 인재를 육성하고, 도전적인 벤처기업이 더 많이 생겨나고, 이들이 한국 경제의 주역으로 성장해야 한다. 기술집약형 글로벌 강소기업과 기존 대기업이 윈-윈 win-win할 수 있도록 경제 시스템을 바꿔야 한다.

규제 시스템은 포지티브에서 네거티브로 바꿔야 한다. 안 되는 것 몇 가지만 제외하고 나머지는 대부분 가능하게 해서 문호를 개방하고 경쟁을 확대해야 한다. 이윤 극대화에 몰두하면서 사회적 책임은 소홀히 하는 기업은 도태되어야 한다. 종업원과 경영진, 주주와 고객 등 이해관계자 모두가 함께 성장하고 행복한 기업이 존경받아야 한다. 회사의 부동산은 물론 대표이사 개인의 재산까지 담보로 잡아왔던 대출 관행은 기술력과 사업성에 대한 평가 중심으로 교체되어야 한다.

이처럼 새로운 패러다임의 토대 위에서라야 제2의 이병철, 제2의 정주영처럼 기업가정신으로 충만한 벤처인들이 많이 나올 수 있다. 기술집약형 글로벌 강소기업들이 한국 경제의 중심이 되는, 좀 더 포용적인inclusive '신경제'야말로 2017년 이후 한국 경제가 추구해야 할 새로운 비전이다. 광복 70년 이후의 새로운 70년은 '신경제'가 답이다.

일자리가 남쪽에만 있나?

앞에서 '일자리를 새롭게 만들고, 나누고, 지키자'는 제안을 여러 차례 했다. 그런데 일자리를 꼭 남쪽에서만 만들어야 한다는 얘기는 아니다. 북쪽으로 눈을 돌리면 비어 있는 일자리들이 많다. 현대경제연구원의 추정에 따르면, 북한의 1인당 GDP는 1천 달러 수준이다. 우리는 3만 달러에 근접해 있다. 물가와 구매력을 감안한다면 좁혀지겠지만, 1인당 GDP만으로 비교해보면 남북의 격차가 30배 정도 벌어져 있다. 그러한 격차로 인해 북한의 도로, 교량, 철도, 터널, 항만, 공항, 공장, 학교, 병원, 보건소 등 각종 사회·경제적 인프라를 개발하고 보수할 여지가 많다. 그렇기에 북한에서의 일자리 기회도 상당히 많다. 그리고 동서독 통합의 사례를 비추어본다면, 북한 경제를 우리 수준으로 끌어올리는 데 상당한 기간이 소요될 것이다. 북한의 인프라를 개발하고, 경제가 돌아가게 만들고, 소득수준이 올라간다면 건설투자는 물론 점차 설비투자도 필요하고, 나아가 고급 소비제품도 필요해질 것이다.

2015년은 광복 70주년이자, 분단 70주년이었다. 짧지 않은 세월이 흘렀다. 광복 70년의 여러 빛나는 성과에 비해 특히 아쉬운 점이 바로 분단이다. 70년 이상 지속되고 있다는 점에서 더욱 유감이다. 유관순, 한용운, 김구, 이시영 등 독립을 위해 청춘과 목숨을 바쳤던 애국지사들에게 면목이 없다. 죄송스러울 따름이다. 그 분들이 목숨을 걸고 싸웠던 광복 이후 대한민국의 모습이 분단은 아니었기 때문이다. 중국, 러시아는 물론 일본보다도 비좁은 한반도 안에서 둘로 나뉘어 서로 으르렁거리는 지금의 모습을 기대했던 것은 아니었기 때문이다. 선배로서 후손들에게도 미안할 따름이다. 앞으로 30여 년이 지나 광복 100주년을 기념하는 순간에는 통일된 한반도를 기대해본다.

역사에서 배우지 못하면 역사는 반복된다. 불행한 역사는 더욱 그렇다. 그렇다면 우리가 독일 통일의 역사에서 배워야 할 것은 무엇인가? 첫째, 외교의 중요성이다. 서독과 동독의 분단 상태를 즐기는 나라들이 많았다. 빌리 브란트의 동방정책이 시작된 1970년 전후에도 그랬다. 빌리 브란트의 참모로, 동방정책의 설계자였던 '에곤 바르Egon Bahr'는 그러한 현실 속에서도 포기하지 않았다. '안정과 변화'를 동시에 추구했다. 소련과 폴란드 등에게 현재의 국경선을 인정한다는 약속을 통해 그들을 안심시켰다. 독일의 문제는 동독과 서독이 자주적으로 풀겠다는 양해도 받아냈다. 과거의 독일처럼 우리의 통일은 우리의 외교 역량에 달려 있다. 지금 한반도 주변국들도 남북 분단을 즐기고 있다. 통일 한국을 바라는 주변국은 하나도 없다. 이처럼 복잡한 한반도의 역학관계를 외교적으로 잘 풀어내는 것이야말로 이 시대의 지도자들과 정부 당국자들에게 주어진 역사적 책무다.

독일 통일의 역사에서 우리가 배워야 할 두 번째 교훈은 '작은 발걸음baby step'의 중요성이다. 다른 말로 하면 '접촉을 통한 변화'다. 이 정책 역시 '에곤 바르'의 작품이었다. 빌리 브란트와 에곤 바르는 이러한 정책의 기조를 '소련'과 '동독'에 적용했다. 작은 발걸음은 상대방을 긴장시키지 않고 안정과 안심을 준다. 그러다가 자기도 모르게 변화하도록 만든다. 이런 작은 발걸음이 큰 발걸음이 되었고 큰 변화를 이끌어냈다. 1980년대 후반 통일되기 직전 동서독 간 22개 분야의 위원회가 가동됐다. 양 국민이 상대방 TV를 볼 수 있었고, 각각 500만 명 이상의 국민들이 상호간에 방문을 했었다는 점을 잊어선 안 된다. 이처럼 통일은 거저 이루어지지 않는다.

독일 통일의 세 번째 교훈은 정책의 일관성이다. 민족과 역사가 걸린 문제에 여야가 따로 없었다. 수상이 바뀌고 집권당이 바뀌더라도 독일 통일을 향한 정책의 기조는 바뀌지 않았다. 빌리 브란트의 동방정책과 '접촉을 통한 변화'는 헬무트 슈미트로 이어졌다. 사민당에서 기민당으로 정권이 바뀌었지만 헬무트 콜의 정책은 크게 변하지 않았고 결국 독일은 통일되었다. 지금 우리는 독일과 정반대의 길을 가고 있다. 정부가 바뀌면 통일정책도 바뀌어버린다. 심지어 현 정부에서는 초반과 후반이 전혀 다른 정책이다.

남북한의 특사 교환이나 정상회담과 같은 갑작스런 변화를 기대하기보다는 평소의 인도적 교류와 사회문화 교류, 경제 교류 등 다양한 교류와 접촉을 통한 변화가 더 실현가능한 시나리오다. 우물가에서 숭늉을 찾으면 곤란하다.

오락가락하는 현 정부의 대북정책이 주는 교훈은 '작은 발걸음baby step' 정책의 중요성, 그리고 정책의 일관성의 중요성이다. 작은 발걸음으로 다방면의 접촉을 통해 인내심을 갖고 상대방의 변화를 기다려야 한다. 주변국들에게 외교 역량을 발휘해서 통일을 위한 여건을 조성해야 한다. 정권은 바뀌더라도 통일을 위한 정책은 일관성을 유지해야 한다. 독일 통일의 교훈을 망각한다면 한반도에서의 나쁜 역사는 반복될 것이다. 이런 분단과 대립의 상태로 광복 100주년 8·15를 맞이할 것인가?

한일 FTA

2016년 11월 12일 토요일, 광화문의 촛불 시위 인파가 100만 명에 달하면서 역사의 한 페이지를 기록했다. 대통령 하야와 탄핵의 목소리가 갈수록 커지고 있다. 주변에 분노와 무기력, 박탈감, 자괴감 등을 호소하는 분들이 많다. 편의점과 마트의 술 매출이 증가하고 있단다. 보호무역과 미국 우선주의를 앞세운 트럼프의 당선으로 2017년 우리 수출시장에 빨간불이 켜졌다. 내우외환의 위기 속에서도 누군가는 냉철하게 대책을 마련하고 수를 잘 둬야 한다. 바둑에서 초읽기에 몰린 경우 흔히 저지르는 실수가 수순을 그르치는 것이다. 시간이 없고 다급하기 때문에 눈앞에 보이는 수를 두기가 쉽다. 하지만 바둑에서 수순이 뒤바뀌면 승부가 뒤바뀐다. 절체절명의 위기 국면에서 총리 지명 후 비서실장 임명으로 이뤄진 수순을 비서실장 임명 후 총리 지명으로 바꿔서 됐더라면 하는 아쉬움이 남는다.

2016년 11월 23일 목요일은 한일 군사비밀정보보호협정

GSOMIA에 양국의 대표가 서명하는 날이었다. 이 역시 역사적인 날이다. 한국과 일본이 갖고 있는 북한의 핵과 미사일 관련 정보를 공유하기 위한 협정이라고 한다. 아무리 좋은 말도 때와 장소가 맞지 않으면 효과가 반감되거나 없어져버린다. 한일 군사정보협정도 그런 점에서 아쉬움이 남는다. 한국과 일본 사이에는 풀어야 할 과제들이 쌓여 있다. 역사교과서 왜곡, 독도, 위안부 등 우리 국민들의 감정을 민감하게 건드리는 것들이 많이 남아 있다. 그런 문제들보다 우선적으로 처리해야 할 이슈는 군사협정이 아니라 자유무역협정FTA이다. 이 역시 수순이 뒤바뀐 것으로 판단된다.

한일 FTA가 더 급하다고 생각하는 이유는 나라의 먹거리와 관련된 것이기 때문이다. 우리 청년들의 일자리를 늘리고, 우리 산업의 경쟁력을 더 높이는 데 기여할 수 있다고 보기 때문이다. 우리 정부에서 한일 FTA를 논의하고 검토했던 역사는 이미 2003년으로 거슬러 올라간다. 한일 FTA 협상은 2003년 12월 당시 참여정부 시절에 시작된 바 있지만, 농산품 및 가공품에 대한 관세 폐지 등의 문제로 2004년 11월 협상이 중단된 바 있다. 그리고 나서 2005년 말 한미 FTA가 추진되면서 우선순위에서 밀렸다. FTA 체결의 여러 원칙 중 하나는 지리적 거리가 먼 나라(미국)에서 시작해서 중국, 일본 등 지리적으로 가까운 나라의 순서로 체결하는 것이기 때문이다. 2004년에 최초로 발효된 FTA는 남미의 칠레와 맺었던 한칠레 FTA였다. 한미 FTA는 2007년 체결 후 2012년 3월 발효

되었고, 한중 FTA는 2015년 6월 체결 후 12월 발효되었다.

이제는 중단된 일본과의 FTA 협상을 재개할 때다. 일본은 급속한 고령화의 진행으로 우수한 인력이 부족하다. 우리 청년들에게 좋은 기회다. 일본은 부품과 소재에서 세계적 경쟁력을 갖추고 있고 우리는 ICT(정보통신) 산업에 경쟁력이 있다. 자동차, 철강, 농업 등이 일본에 밀려서 손해를 볼 것이라고 우려할 수 있지만, 현장에서는 자신감이 넘친다. 한일 양국의 자동차나 전자제품의 가격과 품질을 고려한다면 과거처럼 일제(日製)를 두려워 필요가 없다는 얘기다. 게다가 우리는 이미 미국과 중국이라는 세계 1, 2위의 경제 대국과 자유무역협정FTA을 체결해본 경험과 노하우를 갖고 있다. 일본에서의 한류 붐도 자유무역협정의 체결과 경제적 효과에 도움이 될 것이다. 게다가 최근 사드THAAD(고고도미사일방어체계) 배치 문제로 우리와 중국의 외교관계가 옛날처럼 부드럽지 못하다. 관광, 문화콘텐츠, 상품교역 등 한중 경제협력도 껄끄러워지고 있다. 이럴 때일수록 중국이 활용하는 '이이제이(以夷制夷)' 전략을 우리도 활용할 필요가 있다. 요즘 미국의 대통령 당선자인 트럼프의 노골적인 보호무역주의 역시 우리의 수출 전망을 어둡게 하고 있다는 점에서도 한일 FTA는 새롭게 검토해볼 만한 가치가 있다. 이처럼 여러 가지 차원에서 활용도가 높다는 생각이다.

흔히 주식은 타이밍이 중요하다고 말한다. 매매 시점을 잘 선택해야 한다는 교훈이다. 하지만 주식만 그런 것은 아니다. 경제든 정치든 무엇이든 때가 중요하다. 사서^{四書}의 하나인 《중용》에 '시의적절하게 말하고 행동하는 것$^{시중, 時中}$'이야말로 바람직한 중용의 모습이라는 구절이 나온다. '시절 인연', 다 때가 있다.

'편안한 노후' 만들기

은퇴 준비는 '일거리 준비'

100세 시대라고 하는데 실제 100세 어르신을 주위에서 만나볼 기회가 많지 않다. 그런 분이 100세 시대를 얘기하면 훨씬 더 설득력이 있을 것이다. 연세대 철학과 교수이자 수필가였던 김형석 선생은 1920년생이다. 100세가 코앞이다. 그 연세에 얼마 전 신간을 냈다. 책 제목이 《백년을 살아보니》다. 100년? 말이 그렇지 숫자를 1부터 100까지 세는 것도 힘든데, 김 선생은 3만 5천 번 이상 태양이 떴다 지는 것을 보셨다. 교수로서 65세에 정년퇴직을 하고 나서도 32년이라는 긴 세월을 보내고 있다.

그 긴 세월을 버텨내기 위해 가족, 반려자, 건강 등 여러 가지 필요한 요소들이 있지만, 가장 필요한 것은 '일'이라고 책에 적어 놓으셨다. 은퇴 이후에도 뭔가 배우고, 뭔가 취미생활을 하고, 뭔가 봉사활동을 하는 등의 '소일거리'가 있어야 한다는 것이다. 파고다공원에 가서 바둑을 두고 어울려 놀다 오거나, 천안행 전철을 타고 나가서 온천을 하고 기분을 전환하고 오는 것도 하루 이틀이지 1년 내내 그럴 수는 없다. 즉, 은퇴를 준비하면서 돈만 준비할 게 아니라 할 일도 준비해야 한다는 것이다. 일을 하니까 몸이 건강하고, 건강하니까 일을 할 수 있다. 일을 하니까 정신도 건강해지고 성취감도 생긴다. 일을 하니까 하루하루 시간도 잘 지나가고 생활에 만족하고 감사하게 된다. 감사하면 행복은 저절로 온다.

일본에서 몇 년 전 60대 중반의 여성들을 대상으로 '어떤 사람이 행복한가'라는 질문을 던졌다. 그 결과 가장 불행한 사람은 '아무 일 없이 세월을 보낸 사람'이라고 했다. 행복을 느끼지 못하는 사람은 '가족과 함께 지내면서 가끔 친구들과 만나는 사람'이라고 했다. 반면, 새롭게 행복을 찾아 누린 사람은 3가지 유형이었다고 한다. '공부를 시작한 사람', '취미생활을 계속한 사람', '봉사활동에 참여한 사람'이었다고 한다. 결국, 나이 60이 되었다고 포기하지 않고 계속해서 뭔가 새로운 것을 배우고, 재미있는 일을 하고, 남을 위해 보람 있는 일을 했을 때 행복감을 느꼈다는 것이다.

평균수명은 계속 길어지고 노인 인구의 비중은 계속 커져가는 시대에 이미 60대에 접어든 분들은 물론이고 필자처럼 50대로서 앞으로 다가올 불안한 노후를 걱정하는 사람들은 김형석 선생의 책을 꼭 읽어봐야 한다.

그런데 우리 주변에는 '나이가 60이 넘어서도 일을 해야 하냐'고 싫어하는 사람들이 있다. 아니 꽤 많을 것이다. 젊은 시절에 일을 너무 과도하고 지겹게 해서 '번아웃(탈진)'되신 분들이 많기 때문이다. 우리나라는 OECD 국가 중에서 멕시코 다음으로 긴 근로시간을 자랑한다. 그러나 정보화 시대, 창의성이 중요한 시대, 인공지능 컴퓨터 '알파고'가 세계 최고의 프로기사 이세돌을 이기는 시대에 장시간 근로는 더 이상 자랑거리가 아니다. 효율적으로 일하고 생산성 있게 일해야 한다. 일과 가정의 양립도 가능해서 아이를 낳고 키울 수 있을 정도로 일해야 한다. 그리고 기대수명이 100세에 근접하는 시대에 살고 있으므로, 50대가 되면 은퇴를 준비하는 것이 아니라 30년에서 50년에 걸친 오랜 '은퇴 후 세월'을 버티기 위한 '은퇴 후 일거리'를 준비해야 한다.

안병영 전 교육부총리는 인생 2모작이 아니라 3모작이 필요하다고 주장하신다. 교수직에서 은퇴한 후 강원도로 낙향한 지 벌써 10년이라고 한다. 70대 중반의 나이에도 불구하고 "농번기에는 밭에서 일하고, 농한기에는 책 읽고 글 쓰는 일에 익숙해졌다"고 하신다. 안 선생에 따르면, 평생 3단계에 걸친 '일자리 대책'이 필요하다. 50대 중반까지는 '생계를 위한 일거리'가 필요하고, 50대 중반부터 연금을 받기 시작하는 65세까지는 '보람도 느낄 수 있는 일거리'가 필요하고, 연금이 나오는 65세 이후부터는 도시를 떠나서 '자연을 느낄 수 있는 일거리'가 필요하다는 것이다. 아울러, 인생 2모작과 3모작을 위해 10여 년은 투자하고 준비해야 한다는 말씀도 덧붙이셨다. 도시를 떠날 수 없는 분들이 많기 때문에, 도시에서도 적용 가능한 인생 2모작과 3모작 준비가 필요하다.

시니어 뉴딜

뉴딜은 잘 알려진 것처럼 1933년 취임한 프랭클린 루스벨트 대통령이 1929년부터 시작된 미국의 대공황을 타개하기 위해 시행했던 정책들을 말한다. 테네시 강에 거대한 수력발전소를 세우고 전기와 질소비료를 생산하고 여기서 나온 값싼 전기를 토대로 알루미늄 관련 산업을 일으키고 일자리를 만들었다. 도로와 공공건물을 건설하고 국립공원의 산림을 간벌하는 등의 대규모 공사를 통해서도 일자리를 창출[7]했다. 루스벨트 이전의 자유방임적 정책과 달리 정부가 적극적으로 수요를 창출하고 일자리를 만들어내는 경제주체로서의 역할을 했다는 점에서 과거와 다른 '뉴딜New Deal' 정책이었다. 그 뉴딜 정책의 결과 미국은 대공황을 탈출하는

---

7 P.K.콘킨(Conkin), '뉴우딜 정책', 탐구당, 1980.

데 성공했다.

지금 우리나라에 필요한 것은 '시니어 뉴딜'이다. 고령친화적 일자리 창출을 위한 국가적 대책이 필요하다. 고령화 속도가 매우 빠르기 때문이다. 2018년에 65세 이상 인구가 전체 인구의 14%를 넘어서는 '고령사회'로 진입하고, 2026년에는 노인 인구가 20%를 넘어서는 '초고령사회'로 진입할 전망이다. 다른 어느 나라보다도 고령화 추세가 가파르다. 게다가 평균수명은 세계 최고 수준으로 늘어나고 있다. 이처럼 노인 인구가 많아짐에 따라 앞으로는 노인을 위한 일자리를 늘리는 것이 정책 당국자들의 가장 큰 과업이 될 것이다. 가파른 고령화 추세에 대비하기 위해 고령친화적 일자리를 만들어내기 위한 '시니어 뉴딜'이 시급한 상황이다.

현재 우리나라의 노인 일자리 실태는 어떠한가? 65세 이상 노인들의 고용률은 갈수록 높아지고 있지만, 노인 빈곤율 역시 50%에 달할 정도로 높다. 이 얘기는 노인 일자리의 질이 열악하다는 의미다. 중앙정부나 지자체에서 시행하는 공공근로를 통한 일자리 역시 기간이 짧은 임시 일자리에 불과하다. 노인을 활용한 지하철 택배 일자리도 아이디어는 참신하지만, 불안하고 저임금이기는 마찬가지다. 노인친화적 일자리이면서도 노인들의 오랜 직장경력을 살릴 수 있는 일자리를 만들어야 한다. 과거의 경력을 업그레이드시킬 수 있도록 평생학습과 적절한 직업훈련을 통해 지원해주는 것도 필요하다.

일본에 '60세 이상만 고용'하는 착한 기업이 있다. 일본 가토제작소의 이야기[8]다. 일본 기후현에서 1888년에 창업한 가토제작소는 항공기, 자동차, 가전제품에 들어가는 금속 부품을 만드는 회사다. 2001년에 납기를 맞추기 위해 주말에 근무할 사람을 뽑아야 했다. 60세 이상 노인을 채용하겠다는 공고를 냈는데 예상보다 훨씬 경쟁률이 높았다. 60세 이상 파트타이머들은 토요일과 일요일, 그리고 공휴일에만 출근하며 하루에 4시간 일하고, 1년에 90일 일한다. 전체 직원 100여 명 가운데 50명가량이 60세 이상의 고령 근로자라고 한다. 가토제작소의 이런 파격적인 실험이 앞으로도 계속되길 응원한다.

우리나라에도 65세 이상 노인들이 회사의 주축을 이루고 있는 회사가 있다. '핸디맨서비스'[9]라는 인테리어 집수리 전문회사다. 건설업을 비롯한 인테리어 공사와 관련된 분야에서 종사했던 유경험자를 중심으로 65세 이상인 분을 주로 뽑아서 활용하고 있는데, 전체 인력 19명 중 17명이 65세 이상 노인이다. 무거운 장비나 물건을 다루는 것이 아니라 실내에서 인테리어 공사를 하는 것이므로 노인들에게 큰 무리가 가는 일이 아니다. 따라서 고객이나 종업원 모두 나이를 문제 삼지 않는다. '핸디맨서비스'처럼 고령화

---

8 가토 게이지, '60세 이상만 고용합니다', 북카라반, 2014.
9 국무조정실 보도자료, '어르신 일자리 확충은 고령사회 최고의 복지', 2016.10.4.

추세를 앞서가는 선도적인 고령자친화 기업이 많이 생겨나기를 바란다.

2015년에 한국노인인력개발원에서 2,000여 개 기업을 대상으로 시행한 고령 근로자 고용에 관한 설문조사 결과를 보면, "60세 이상은 성실하고 책임감이 있을 뿐 아니라 기술과 경험을 전수할 수 있는 이점이 있다"고 응답했다. 또 생산성도 40대 근로자의 70%에 달하고 연령이 올라가도 생산성이 크게 줄지 않는 것으로 나타났다. 미국 노동부도 "고령 근로자는 판단력이 우수하고 업무의 질을 중시하고 근태와 시간도 잘 준수한다"고 밝혔다.

고령화가 급속하게 진행되는 우리나라의 경우 특히 노인들이 단순 노무직이나 영세 자영업에서 벗어나 좀 더 양질의 일자리를 구할 수 있도록 평생교육과 직업훈련을 강화하고, 고령자 채용에 대한 인센티브도 강화할 필요가 있다. 노인들에게 가장 훌륭한 복지는 정부에서 만들어주는 공공근로 일자리가 아니라, 시장에서도 작동되는 노인친화적 일자리를 제공하는 것이기 때문이다.

연금, 3개 이상 필요하다

연금을 주택에 비유해보자. 선진국의 연금제도는 대부분 3층으로 된 멋진 집들이다. 1층이 가장 넓고 2층은 조금 좁아지고 3층은 더 좁아지는 피라미드의 형태로 되어 있다. 1층은 국민 누구나 큰 차이 없이 혜택을 보는 기초연금이고, 2층은 소득에 비례해서 의무적으로 불입하고 혜택을 보는 노후연금(우리나라는 '국민연금')이고, 3층은 개인들이 자발적으로 추가 불입했던 개인연금이다. 50년에서 100년까지의 오랜 역사를 지닌 건물들이지만, 1, 2, 3층의 피라미드 구조로 되어 있어서 왠지 안정감이 있어 보인다. 물론 선진국에도 드문드문 2층집이 있기는 하지만 보기 드물다.

우리는 어떠한가? 1층 기초연금은 2008년부터 시작되었고, 2층 국민연금은 1988년부터 시작되었다. 3층에 해당하는 '개인연금'에 추가로 가입한 사람들은 경제적으로 여유가 있는 경우이므로 우리나라 국민들의 연금체계는 대부분 2층집으로 되어 있는 셈이다. 기초연금은 10년도 안 됐고, 국민연금도 30년이 채 지나지 않아 2층짜리 새 집인 셈이다. 하지만 선진국의 오래되고 안정감 있는 3층짜리 큰 집(연금)에 비하면 왠지 우리나라의 2층짜리 작은 집(연금)은 안정감이 부족하다. 선진국은 1층이 오래되고 넓지만, 우리는 1층이 좁고 부실하다. 우리나라의 1층 기초연금이 65세 이상 노인의 70%를 대상으로 좀 더 폭넓게 지어진 것은 작년부터다. 2층 국민연금도 소득대체율이 낮고 사각지대가 넓어서 개선의 여지가 많다. 3층 개인연금은 경제적으로 여유가 많은 소수에 해당하기 때문에 전반적으로 우리나라 연금체계는 손 볼 곳이 많다.

먼저 1층 기초연금의 보완이 필요하다. 기초연금은 하위 70%

까지 월 30만 원을 지급하는 것으로 되어 있지만 충분하지가 않다. 하위 70%에 속해도 이런저런 이유로 못 받는 분들이 많아서 실제로는 63% 정도만 기초연금의 혜택을 받고 있는 것으로 알려져 있다. 월 30만 원이 기초연금으로 부족하다는 지적도 있는 바 연금재정을 고려하고 아울러 물가상승률도 반영해가면서 기초연금 액수를 차차 올려가는 방안을 검토해야 한다.

다음으로, 2층 국민연금은 개선해야 할 점이 많다. 선진국은 공무원연금과 일반 국민들의 연금에 별 차이가 없지만 우리는 둘 간의 격차가 큰 편이다. 거기에다 국민연금의 납부예외자는 450만 명가량이고, 장기 체납자는 110만 명으로서 전체 660만 명가량이 국민연금의 혜택에서 벗어나 소위 '사각지대'에 머물러 있다. 현재 우리나라 국민연금의 명목 소득대체율(퇴직 전 받던 급여의 평균과 퇴직 후 받는 연금의 비율)은 40%로 OECD 선진국 가운데 가장 낮은 수준인데, 거기에 더해서 실질적인 소득대체율은 23% 정도에 불과하다. 우리나라의 국민연금 역사가 27년 정도로 짧기도 하고, 실업이나 취업난, 경력단절, 비정규직 등 불안한 고용사정으로 인해 연금 불입기간이 국민연금에서 정한 기준치 '40년'에 크게 못 미치기 때문이다.

최근 국회를 중심으로 소득대체율을 다시 50%로 끌어올리고 이를 위해 국민연금 보험료를 더 내자는 논의가 있었지만 명확하게 결론을 못 내고 있으며 합의 도출도 어려워 보인다. '더 내고 더 받는' 구조로의 국민연금 개혁 논의가 복잡하게 꼬여버린 이유는 무엇일까? 가장 먼저 정부와 국민연금의 책임이다. 국민연금은 1988년 출범하면서 그럴싸한 사탕발림으로 유혹했다. "월급의 3%를 적립하면 퇴직 후에 월급의 70%를 받게 된다"고 하니 누가 넘어가지 않겠는가? 1998년에는 "월급의 9%를 적립하면 퇴직 후 60%를 받게 된다"고 했다가 2007년에는 "퇴직 후 월급의 40%를 받게 된다"고 했다. 그것도 40년이나 불입해야 가능한 일이다. 국민연금은 처음에는 따뜻해 보이는 값비싼 모피코트였지만, 지금은 추워 보이는 싸구려 반팔 티셔츠가 되어버렸다. 국민들에게 '저부담, 고급여'가 가능한 것처럼 유혹해놓고는 27년이 지난 지금에는 '저부담이니까, 저급여가 당연하다'고 말을 바꿨다. 연금운용의 독립성과 전문성을 제고하고 지배구조를 개선하여 연금의 운용수익률을 높이고 재정을 안정시키기 위해 더 많은 노력이 필요하다.

국회도 혼란의 책임이 있다. 소득대체율(급여)은 40%에서 50%로 높이자고 하지만, 국민연금의 보험료를 9%에서 12%로, 더 나아가 15%로 단계적으로 올려야 한다고 솔직하게 얘기하지 못하고 있다. 선진국은 15% 정도를 부담하고 소득대체율은 50% 내외인데 바로 그렇게 따라갈 수는 없으므로 '중부담, 중급여' 수준으로 차차 개선해나갈 필요가 있다고 설득해야 한다. 국민연금의 소득대체율 인상 문제는 보험료 인상과 함께 검토하는 것이 옳다. 국민의 지갑은 말로 지켜지는 게 아니며, 국민연금의 급여수준은 국회에서 합의한다고 올려지는 게 아니다. 국민들이 땀 흘려 일하고, 보험료를 더 내야 올려지는 것이다. 연금구조를 3층으로 튼튼히 만들고 사각지대를 없애는 일도 미뤄선 안 된다. 국민연금은 도깨비방망이도 아니고 마술피리도 아니다.

마지막으로 3층 개인연금이다. 개인연금은 경제적으로 여유가 있는 비교적 중산층 이상이 가입할 수 있는 금융상품이다. 따라서 정부가 특별한 인센티브를 부여하는 등 과도한 혜택을 주기도 쉽지 않다. 하지만 기대수명이 길어짐에 따라 노후준비 부족을 느끼는 사람들이 많아지고 있으므로, 개인연금의 중요성은 갈수록 더 커질 것이다. 물론, 지금도 개인연금 가입을 장려하고 활성화하기 위해 금융기관별로 각종 혜택을 부여한 상품을 개발하고 있으며, 정부도 세금 감면 등의 인센티브를 부여하고 있기는 하다. 부동산에만 쏠려 있는 자산 포트폴리오를 금융자산으로도 분산시켜서 리스크를 관리한다는 차원에서도 개인연금에 대한 국민들의 관심은 더 커질 필요가 있다. 편안한 노후를 위해서는 안정감 있는 3층 집, 3개 이상의 연금을 준비하는 것이 필요하다.

국민을 위한 국민연금인가?

국민의, 국민에 의한, 국민을 위한 정부는 지상에서 결코 사라지지 않을 것이다. 세계 최고의 연설문 문장으로 널리 인용되고 있다. 153년 전에 링컨이 전달하려고 했던 메시지의 울림이 2017년 현재 대한민국 국민의 한 사람에게도 그대로 전해지고 있다.

요즘 우리 국민들의 노후 불안이 심각하다. 현대경제연구원의 설문조사에서도 노후준비 부족이 가장 큰 걱정거리로 부각된다. 일자리에서는 일찍 밀려나는데 기대수명은 길어지고 있으니 당연한 걱정이다. 최근에는 대선 후보들이 국민연금을 여기저기에 투자하자는 공약을 발표하면서 국민연금에 대한 불안감을 더 키우고 있어서 걱정이다.

과연 국민연금은 '국민의' 연금인가? 설립 취지는 그렇다. 퇴직한 국민들의 노후생활 보장을 위해 1988년에 처음 도입되었다. 그런데 2015년 기준 국민연금의 납부예외자는 450만 명가량이고, 장기 체납자는 110만 명으로 전체 660만 명가량이 사각지대에 남아 있다. 왜 이런 사각지대가 폭넓게 존재하고 있을까? 국민연금이 용돈연금이라는 비판, 국민연금 기금의 운용수익률이 낮다는 지적, 국민연금이 2060년에는 고갈될 것이라는 우려 등이 복합적으로 작용하고 있을 것이다.

국민연금은 '국민에 의한' 연금인가? 형식적으로는 그렇다. 월급의 4.5%에 해당하는 보험료는 사용자가 나머지 4.5%는 본인이 내고 있기 때문에 국민연금 이사회에는 사용자 대표와 노동자 대표들이 참여하고 있다. 경총, 전경련, 한국노총, 민주노총, 소비

자연맹, 대한변협, 보건복지부를 대표하는 분들이 비상임이사로 참여하고 있다. 이 분들이 기금운용본부로부터 기금운용 계획과 결과를 보고받으면서 국민들의 이해를 대변하고 있다. 하지만 실질적으로 국민에 의한 연금인지는 의문이다. 보이지 않는 손들이 많다는 것이다. 실제 2015년 7월의 삼성물산-제일모직 합병에 찬성했던 국민연금의 의사결정 과정에 복지부, 경제수석, 대통령까지 개입했다는 정황이 최근 검찰과 특검의 수사를 통해 드러나고 있다. 이와 같은 부당한 외부 간섭은 국민연금에 수천억 원의 평가손실을 입혔다. 따라서, 국민연금의 운용이 특정 부처의 영향력 하에서 벗어날 수 있도록 개선해야 한다. 공정거래위원회처럼 독립된 위원회 조직으로 하든지 국회의장 직속으로 옮겨서 국회의 국정감사만 받도록 해야 한다. 이처럼, 국민연금이 국민에 의한 연금이 되도록 독립성을 제대로 보장해주는 장치들이 보다 더 정교하게 도입되어야 한다는 목소리에 귀를 기울여야 한다.

국민연금은 '국민을 위한' 연금인가? 당연히 그래야 한다. 그러기 위해 노력한다. 하지만 국민연금의 소득대체율이 매우 낮다. 1988년 설립 초기에는 월급의 3%만 불입하면 나중에 월급의 70%를 받을 수 있다고 선전했지만, 30여 년이 흐른 지금은 월급의 9%를 불입하는데도 월급의 40%밖에 받지 못한다. 대한민국의 임금근로자가 평균적으로 53세에 직장에서 물러난다는 걸 감안하면 실질적인 소득대체율은 25% 내외라고 한다. 게다가 국민연금 기금의 운용수익률도 낮다고 한다. 지난 2014년 국정감사 자료에 따르면, 국민연금 기금의 운용수익률은 3년 평균 4.5%, 5년 평균 6.9%, 10년 평균 6.1%였다. 미국 CalPERS은 각각 10.0%, 10.9%, 6.9%였고, 캐나다 CPPIB는 각각 9.7%, 8.8%, 7.5%였다. 노르웨이와 덴마크의 연금수익률도 우리보다 높았다. 국민을 위해 더 노력해야 한다.

해법은 무엇인가? 먼저 거버넌스의 문제가 있다. 국민연금 기금운용본부에 있는 직원들이 9개월은 자체 감사, 복지부 감사, 감사원 감사, 국회 감사를 받는 데 쓰고 나머지 3개월만 기금운용에 사용한다고 한다. 불필요한 감사를 받지 않도록, 독립적으로 오직 '수익률'만을 위해 일하도록 거버넌스를 다시 설계해야 한다. 수익률이 1%p 올라가면 국민연금의 재정고갈 시기가 8년가량 늘어난다는 점을 명심해야 한다. 돈이 허투루 쓰이지 않도록 감시하겠다는 취지는 좋지만 그러느라 수익률이 떨어진다는 점은 왜 모르는 것인지? 그리고 우수한 운용인력을 확보하는 데 투자를 아끼지 않아야 한다. 우수한 인력이 훌륭한 성과를 올릴 수 있는 여건을 만들어줘야 한다. 아울러, 국민연금의 정부 지급보증을 관련법에 명시할 필요가 있다. 공무원연금은 오래전부터 그렇게 하고 있다. 다른 선진국들의 경우에도 정부가 국민연금의 지급보증을 서고 있다. 그래야 국민들이 불안해하지 않는다. 진정으로 국민의, 국민에 의한, 국민을 위한 연금을 원한다.

또 하나의 대안, 주택연금

노후준비와 관련된 또 하나의 대안은 주택연금이다. 앞에서 연금이 3개 이상 필요하다고 했고, 연금과 관련된 3층 집을 지어야 한다고 얘기한 바 있다. 하지만 3층 집을 짓기란 쉽지 않다. 경제적으로 여유가 많아야 사적으로 개인연금에 가입할 수 있기 때문이다. 그런데 매달 들어오는 소득이 없거나 여유 자금이 없다면, 개인연금이 아니라 주택연금에 가입하는 것도 하나의 대안이다. 물론 주택이 있어야 가입할 수 있는 연금이 주택연금이다.

우리나라 가구들의 자산 구성을 보면 주택, 부동산 등 실물자산으로 쏠려 있다. 2013년 3월말 기준으로 60세 이상 가구주의 총자산 대비 실물자산(주택, 부동산 등)의 비중은 83%[10]에 달한다. 즉, 60세 이상 가구주의 경우 매달 들어오는 소득은 거의 없으면서 달랑 집 한 채만 붙들고 있는 경우가 많다는 것이다. 이와 같이 주택을 소유하고 있지만 특별한 다른 소득원이 없는 고령자에게 주택을 담보로 노후의 생활자금을 연금 형식으로 매월 지급하는 것이 주택연금이다. 역모기지reverse mortgage 제도라고도 불린다.

주택연금은 2007년 처음 시작되었으니, 2008년 시작된 기초

---

10 박덕배, '주택연금 성장의 제약 요인과 시사점', 현대경제연구원 '현안과 과제' 14-31호, 2014.8.

연금보다 한 살 더 먹었다. 주택연금만을 전담하는 한국주택금융공사라는 공공기관도 설립되어 있다. 2016년 현재 9억 원 이하의 주택을 소유한 60세 이상의 국민이면 누구나 주택연금에 가입할 수 있다. 예를 들어, 3억 원짜리 주택이라고 할 경우 가입자의 연령이 60세라고 하면 매달 68만 원, 70세라고 한다면 매달 97만 원을 주택연금으로 받게 된다. 2016년 6월 기준 주택연금 누적 가입자 수는 3만 4,437명이다. 2007년 첫해에 515명, 2013년 말에 1만 6천 명이었는데, 2년 6개월 만에 2만 명가량 증가했다. 특히 2015년과 2016년 가입자 수가 크게 늘어난 것은 주택가격이 더 이상 오르지 않을 것이라고 전망하면서, 주택가격이 하락하기 전에 빨리 가입하자는 판단을 하는 주택 소유자들이 많기 때문이라고 해석된다. 물론 2016년 새로 출시된 주택연금 상품 '내집연금 3종세트'(주택담보대출 상환용, 사전예약 보금자리론, 우대형)가 과거의 상품('일반형')에 비해 가입도 쉽고 선택권도 많다는 장점이 있어서 인기리에 판매되고 있다[11]는 점도 영향을 미쳤을 것이다. 기대수명이 늘어나고 저금리에다 마땅한 수입은 없는 고령자들에게 있어서 보유한 부동산 자산을 안정적인 월 소득으로 전환시킴으로써 노후생활을 윤택하게 할 수 있다는 점에서 주택연금은 상당히 매력적인 상품이다.

---

[11] 강성호 등, '주택연금의 노후소득보장 수준 평가와 향후 과제', 보험연구원 '고령화리뷰' 제2호, 2016.9.

이처럼 보유한 주택이 있어서 그걸 맡기고 주택연금을 받을 수 있는 분들이라면, 기초연금과 국민연금에 더해서 제3의 연금수입이 추가로 생기기 때문에 노후생활이 훨씬 여유로울 것이다. 특히 2013년 기준 60대의 공적연금 가입률은 15%에도 못 미치기 때문에, 주택을 보유한 60대라면 주택연금 가입을 강력히 추천한다. 그 주택을 자녀에게 물려주지 않고 주택연금으로 활용할 수 있다면 매달 들어오는 소득이 늘어나기 때문에 노후생활에 엄청나게 큰 도움이 될 것이다.

주택연금을 활용하지 못하면서 고생하고 있는 '노후준비'의 실패 사례를 하나 들어보자. 필자와 20년 이상 함께 살고 있는 장모는 1926년생으로 이제 90이 넘으셨는데 소유하고 있는 집이 없다. 옛날에는 있었는데 지금은 없다. 결혼해서 분가한 큰아들과 작은아들이 찾아와서 도와달라고 하니 허름한 아파트까지 다 팔아서 나눠줘버렸다. 그러고 나서 지금은 장모님 앞으로 집이 없어 상당히 서운하신 눈치다. 아무래도 집을 갖고 있어야 아들과 며느리가 한 번이라도 더 찾아오게 되는 것이 인지상정이다. 그리고 매달 정부에서 주는 기초연금이 30만 원씩 통장에 들어오지만 나머지는 자식들이 보내주는 용돈에 의존해야 한다. 집을 갖고 있었다면 주택연금을 가입해도 되고, 월세를 받아도 되니 자식들 눈치 안 보고 맘 편하게 노후를 보냈을 것이다. 특히 우리나라 노인 빈곤율이 50%에 달하고 있다는 점을 감안한다면, 주택을 소유한 고령자들에게 주택연금의 활용을 적극 권장해야 할 것이다. 그래야 노후 생활도 한결 편안해지고 경제 전체적으로 소비도 활성화되는 선순환 효과를 거둘 수도 있다.

캥거루 걷어차기

캥거루는 호주를 상징하는 동물이다. 호주엔 캥거루가 얼마나 살고 있을까? 2005년 호주 통계청의 발표에 따르면, 호주에는 5,700만 마리의 캥거루가 서식하고 있다. 최근에는 캥거루의 급증으로 다른 초식동물의 생존이 위태로워지는 등 생태계 교란이 발생한다는 지적에 따라 캥거루 포획과 안락사가 실시될 정도다. 호주를 뒤이어 세계적으로 캥거루가 많은 나라는 일본과 한국이다. 일본은 35~44세 연령대 인구 6명 중 1명꼴로 캥거루족이며, 한국은 15~34세 연령대 인구 100명 중 7.5명이 캥거루족[12]이라고 한다. 다 큰 성인들이 분가하지 않고 부모와 함께 한 지붕 아래 살 경우 '캥거루족'이라고 부른다.

장면 1: 명문대를 졸업한 후 외국계 기업에 다니는 김미령(35·가

---

12 메트로서울, '부모집 더부살이 '캥거루족' 골치', 2012.05.03.

명·여)씨는 본인 명의 아파트도 있지만 부모와 함께 살고 있다. 김씨의 여동생도 마찬가지로 직장에 다니고 있지만 독립하지 않고 있다. 주변에서는 "이제 시집갈 나이"라고 재촉하지만 김씨 마음에 드는 남자가 아직 없다. 경제적으로 여유가 있는 부모 역시 "마음에 드는 사람이 나타나면 결혼하라"며 김씨 자매의 결혼을 재촉하지 않고 있다.

장면 2: 2013년 개봉되어 인기를 끌었던 영화 〈고령화 가족〉에 등장하는 가족의 평균연령은 47세다. 사고뭉치 큰아들, 흥행 안 되는 영화만 만드는 둘째아들, 이혼 후 다시 엄마 집으로 들어온 막내딸, 그리고 막내딸이 데려온 외손녀 등이 모두 나이든 엄마(외할머니)에 의존하고 있다. 〈고령화 가족〉은 경제적으로 자립하지 못한 상태로 부모에게 의존하는 자녀들의 현실과 이런 자녀들을 품에 안을 수밖에 없는 부모세대의 노후 현실이 배경으로 자리 잡고 있다.[13]

1990년대부터 '기생 독신'이란 신조어가 등장했던 일본은 상황이 점점 심각해지는 것으로 드러났다. 일본 총무성 추계에 의하면 2010년 기준 35~44세의 연령대에서 6명 가운데 1명꼴인 약 295만 명이 미혼인 채 부모와 동거하는 것으로 드러났다. 이는 같은 연령대의 16.1%에 해당하며 1990년의 112만 명, 2000년의 159

---

[13] 이코노미조선, '성인자녀 품은 부모세대, 노후준비 발목 잡혀', 2015.5.29.

만 명에서 2~3배 가까이 급증한 수치다. '기생 독신'이라는 용어를 만든 일본 주오中央대학의 야마다 마사히로 교수는 "1990년대에 문제가 됐던 20~30대의 캥거루족이 중년이 돼서도 부모에 의존하는 생활을 계속하는 것으로 분석됐다"며 "자립하지 못하는 미혼자가 증가할 경우 저출산이 가중되고, 생활보호대상자가 증가할 가능성이 있다"고 우려했다.

일본의 잃어버린 20년을 답습하고 있는 우리나라에서도 '캥거루족' 경고등이 켜졌다. 한국노동연구원에 따르면 2011년 우리나라 15~34세 청년 인구 가운데 일을 하지도 않고 구직 활동도 포기한 숫자가 100만 8,000명에 달한다. 전체 청년 인구는 2003년 1,475만 명에서 2011년 1,346만 명으로 129만 명이 줄었지만 캥거루족은 같은 기간 75만 1,000명에서 100만 8,000명으로 25만 7,000명이나 증가했다. 15~34세 청년 100명 가운데 7.5명이 캥거루족에 속한다는 이야기다.

이와 같이 한국과 일본에서 캥거루족이 사회문제로 등장하고 있는 반면, 미국이나 유럽의 선진국은 상황이 크게 다르다. 구미에서는 다 큰 아이들이 부모 집에 붙어 있는 것을 수치스럽게 생각한다. 부모는 다 큰 아이가 독립하지 않고 부모 집에서 출퇴근을 할 경우 '하숙비'를 내라고 하고, 아이는 당연히 그 돈을 지불한다. 그 정도로 부모와 아이 모두 독립적이다. 부모들은 아이가 노후생활에 부담이 되는 것을 꺼린다. 구미사회 전반적으로 그리고 전통적으로 20세 이상의 성인 자녀와 부모가 함께 사는 것을 못마땅하게 생각한다.

우리나라도 이제 캥거루의 숫자를 줄여야 한다. 노후준비가 충분하지 못한 50대와 60대의 어깨를 가볍게 해야 한다. 기대수명의 증가로 인해 노후 불안은 과거에 비해 더 커지고 있다. 이처럼 갈수록 어려워지는 노후생활에 더해서 독립하지 못한 자녀까지 부담이 된다면 50대와 60대의 어깨는 더 무거워질 것이다. 과거와 달리 앞으로는 자녀들을 좀 더 독립적으로 키울 필요가 있다. 자꾸 부모에 의존하는 상황은 자녀를 위해서도 도움이 되지 않는다. 자녀는 더 의존적이 되고, 부모는 노후생활이 더 힘들어진다. 50대의 경우 노후준비를 위해 개인연금 저축에 가입해야 하는데, 그 돈으로 아이들 뒷바라지를 계속해야 한다면, 노후생활이 어려워질 수밖에 없다. 부모는 부모대로 힘들고 자녀는 자녀대로 힘들다.

물론 서울을 비롯한 우리나라 주요 도시의 높은 집값과 물가를 감안한다면 자녀들이 독립하기란 쉽지 않다. 하지만 이대로 계속 방치할 수는 없다. 국가에서 청년들의 주택 독립, 일자리 독립을 지원하는 방안을 고민해야 한다. 청년들의 독립은 고령자들의 노후생활을 간접적으로 지원하는 것이다. 청년들의 일자리, 주택, 결혼, 출산, 육아 등 생애주기에 맞춰 사회적으로 독립할 수 있도록 지원하는 시스템과 정책이 마련되어야 한다. 다 큰 캥거루를 곧 은퇴할 또는 이미 은퇴한 노부모가 혼자서 맡아서 키우는 것은 곤란하다. 사회 전체적으로 그리고 시스템적으로 캥거루를 독립시키는 방식으로 바꿔야 한다. 독립하기 어려운 캥거루 청년들을 더 이상 노부모에게만 떠맡겨선 안 된다는 말이다.

손주돌봄수당

얼마 전 고용노동부의 발표에 따르면, 우리나라 직장인들의 평균 은퇴연령은 53세로 매우 젊다. 물론 65세에 국민연금을 받게 되기 전까지는 무슨 일이든 해서 소득을 올리려고 노력할 것이다. 그리고 나서 65세가 되어 국민연금을 수령하는 나이가 되었다고 해도 아직 한참 젊다. 요즘 60대는 과거의 60대가 아니다. 청년처럼 건강하다. 그 젊은 60대들이 이제 막 결혼한 자녀들과 가까운 동네에 살면서 손자, 손녀를 돌보는 경우가 많다.

이 경우에 손주돌봄수당을 지급하는 것은 어떨까? 부족한 노후의 소득을 벌충하는 효과도 있을 것이고, 자녀들의 육아부담을 덜어주는 효과도 있을 것이다. 물론 손주를 돌봐줄 수 있는 부모가 안 계신 신혼부부의 경우에는 좀 손해를 본다는 느낌이 들 수도 있을 것이다. 하지만 노후준비가 부족한, 저소득층에 속하는 노인 가구의 경우에만 손주돌봄수당을 지급한다면 그런 불만은 조금 수 그러들 것이다. 마땅한 노인 일자리가 많지 않은 현실에서 폐지를 줍거나 힘든 막노동을 하는 경우보다는 나을 것이기 때문이다. 지금도 시댁이나 처가의 부모가 아이를 돌봐주는 젊은 신혼부부들은 훨씬 더 마음 편하게 직장생활을 하고 있다. 젊은 할아버지, 할머니의 경우에도 소일거리가 생기고 약간의 용돈도 생기니까 굳이 마다할 이유가 없다.

 이렇게 해서 과거의 '대가족제도'가 현대에 맞게 변형되어 복원될 수 있다면 참으로 박수칠 일이다. 노인들의 빈곤, 고독사, 자살률이 문제가 되고 있는 요즘의 상황을 고려한다면 '대가족제도'의 복원을 지원하는 정책이야말로 크게 환영해야 할 일이다. 아들, 딸, 손자, 손녀가 버젓이 살아있음에도 불구하고 갈 곳이 없는 고독한 노인들의 숫자를 다소라도 줄일 수 있을 것이다. '손주돌봄수당'에 더해서, 핀란드에서 시행하는 '가정간호수당'을 도입하는 것도 검토할 만하다. 거동이 불편한 노인들을 집에서 가족이나 친지들이 돌볼 경우에 지급하는 '가정간호수당'이 도입된다면, 노인복지의 향상에 기여함은 물론 노인들의 고독사를 예방하고, 대가족제도의 복원에도 기여할 것이다.

사람과 사람 사이

"행복하고 건강하게 나이 들어가는 것을 결정짓는 것은 지적인 뛰어남이나 계급이 아니라 사회적 인간관계다. 행복의 조건에 따뜻한 인간관계는 필수다. 부모가 아니더라도 형제, 친척, 친구, 스승과 그런 관계를 맺을 수 있다."[14] 이것은 행복 연구에 관한 세계적 대가로서 행복한 노후, 품위 있게 나이 드는 법 등을 연구했던 조지 베일런트George E. Vailant의 제언이다. 그가 '품위 있는 노년'의 최고 모범사례로 꼽은 사람은 돈 많은 사람도 아니고 사회적으로 성공한 사람도 아니었다. 평범하고 소박한 서민으로서, 가족과 친지, 이웃과 좋은 관계를 유지하면서 서로 사랑하고 사랑받았던 '아이리스 조이'라는 할머니였다.

"행복한 노년의 진짜 비결은 생의 마지막 순간까지 다른 사람을 위해 봉사하는 데 있다. 봉사를 통해 자신과 관련된 모든 이들의 삶에 참여할 수 있으므로, 삶에 대한 끊임없는 흥미를 얻게 되며 그 보답으로 주위 사람들의 사랑까지 되돌려 받게 된다."[15] 100년 전의 심리학자 에드먼드 샌퍼드Edmund Sanford의 얘기[16]다.

---

14 조지 베일런트, '행복의 조건', 프런티어, 2010.
15 Edmund C. Sanford, "Mental Growth and Decay", American Journal of Psychology, vol.13, pp.426-449, 1902.
16 조지 베일런트, '행복의 조건', 프런티어, 2010.

두 사람 모두 '사람과 사람 사이'를 강조하고 있다. '지속적이면서 친밀한 관계'의 중요성을 강조하는 것이다. 그런 따뜻한 인간관계를 구비하게 해주는 방안 중의 하나가 '타인을 위한 봉사'이며, '남을 위해 보람 있는 일을 하는 것'이다. 그 밑바탕을 이루는 것이 바로 '평생학습' 체계를 갖추고, 이를 통해 남을 위해 봉사하고, 보람 있는 소일거리를 찾을 수 있도록 돕는 것이다.

따뜻한 인간관계가 형성되기 위해서는 내가 상대방에게 뭔가 도움을 줄 수 있는 다양한 능력이 있어야 한다. 그것은 비단 경제적 능력만을 얘기하는 것이 아니다. 상대방을 웃길 수 있는 유머 감각, 상대방의 얘기를 들어줄 수 있는 경청의 능력, 그 밖에 상대방을 도울 수 있는 다양한 능력이 있으면 관계가 훨씬 오랫동안 지속될 수 있고 끈끈해질 수 있다. 그런 능력을 키워주는 것이 바로 '평생학습' 시스템이다. 요즘은 사람들이 공공연하게 100세 시대를 얘기한다. 그렇게 오래 살기 위해서는 제2의 인생, 제3의 인생이 준비되어야 한다. 그리고 그것을 가능하게 해주는 방편이 바로 '평생학습'이다.

평생학습은 꼭 어느 대학의 캠퍼스로 나가야만 가능한 것은 아니다. 요즘은 편리한 모바일 스마트폰이나 노트북, 집에 있는 PC를 통해 쉽게 평생학습 콘텐츠에 접근할 수 있다. 문제는 내용물이 얼마나 실속 있고 알차고 유용하냐에 달려 있다.

평생학습은 60대의 고령자만 필요한 것이 아니다. 45세 이후의 국민이면 누구나 평생학습 시스템에 접근 가능하도록 대상 연령을 낮춰야 한다. 우리가 그만큼 기술이 급변하는 시대에 살고 있기 때문이다. '4차 산업혁명'이란 얘기를 들어본 적 없는 사람도 있겠지만, 그 영향과 파고는 엄청나게 클 것으로 예상된다. 미리미리 준비해야 한다. 그것도 역시 평생학습 시스템으로 대비할 수 있어야 한다. 미래의 일자리는 창의적이고 인간적이어야 한다. 일자리가 단순 반복적이라고 한다면, 그 일자리는 로봇과 인공지능 비서에게 금방 빼앗기게 될 것이다. 40대 중반부터는 항상 인공지능 로봇을 염두에 두고, 이들에게 일자리를 빼앗기지 않도록 창의적인 문제해결 능력을 갖추는 등 재취업 경쟁력을 구비해야 한다.

　이처럼 평생학습을 통해 새로운 능력을 계속해서 키워나가는 사람은 '친밀하고 따뜻한 인간관계'를 형성하기가 훨씬 수월하다. 사람은 만나서 뭔가 얘기하고 서로 배울 것이 있어야 하기 때문이다. 물질적인 것이나 금전적인 것만을 말하는 것이 아니다. 서로의 영혼에게 도움이 되고 양식이 될 수 있는 뭔가를 평생학습을 통해 갖추고 있어야 한다는 뜻이다. 그래야 친밀한 인간관계와 행복한 노후생활이 가능해질 것이다.

쇼 브라더스 Shaw Brothers[17]

그는 1907년생이다. 2014년 1월 107세의 나이로 천수를 누리고 세상을 떴다. 상해에서 염료사업을 했던 부친의 영향으로 일찍 사업에 눈을 떴다. 그는 어려서부터 영화와 연극에 관심이 많았다. 1926년 고교 졸업 후 셋째 형과 함께 싱가포르에서 영화 배급 및 극장 사업에 뛰어들었다. 30여 년의 축적된 경험을 토대로 홍콩으로 이주하여 1958년 영화제작업체 '쇼 브라더스Shaw Brothers, 邵氏兄弟有限公司'를 세웠다.

중국 최초의 유성영화를 찍었고, 중국 영화의 무성부터 유성까지, 흑백부터 칼라까지 선구자 역할을 했다. 1960년대 이후 홍콩 무협영화의 전성기를 열었다. 20여 년간 1,000여 편의 영화를 찍었고, 그의 영화관은 200개에 달했으며, 하루 관객이 100만 명에 달하기도 했다. 〈강산미인〉, 〈양귀비〉, 〈양산백과 축영태〉 등의 초기 성공작은 물론 〈외팔이 검객〉 3부작, 〈13인의 무사〉, 〈소림사〉 등의 작품도 흥행에 성공했다. 쇼 브라더스를 대표하는 영화감독으로는 '이한상', '호금전', '장철' 등이 있으며, 배우로는 장다웨이, 디롱, 왕위, 로례 등의 스타를 배출했다. 쇼 브라더스는 홍콩 동부

---

17 도올과 박원순의 '국가를 말하다'(2016, 통나무), 위키백과, 인터넷 블로그 (중천비홍의 '소일부와 2명의 부인', http://blog.naver.com/shanghaicrab/20202720484) 등을 참고함

신제新界, 장쥔아오將軍澳에 대규모 종합 촬영소를 만들어 영화 제작의 인프라를 혁신하는 데 기여했다. 아울러, 1971년에는 홍콩 증권거래소에 상장을 하기도 하는 등 모든 분야에서 항상 앞서갔다. 그의 이름은 소일부邵逸夫, 샤오이푸, Sir Run Run Shaw, 1907-2014다.

그는 변화에도 능했다. 1970년에 설립된 후발주자 '골든 하베스트'가 이소룡, 성룡, 홍금보, 원표 등의 스타를 배출하면서 홍콩 무협영화계를 석권하고, TV라는 새로운 미디어가 영화를 위협하자 그는 발 빠르게 방송사TVB를 설립하여 드라마 분야에 진출했다. 새로운 미디어의 미래를 간파했던 것이다. 그리고 방송과 드라마에서도 독보적인 지위를 구축했다.

그는 영화와 방송 제작자로만 유명한 게 아니다. 그는 존경받는 기업인이다. 돈을 벌어서 '소씨기금邵氏基金'을 만들었고, 이를 활용하여 교육 분야에 주로 기부했다. 홍콩이나 중국뿐만 아니라 영국, 미국, 싱가포르 등의 교육시설 확충에 기여했다. 그런 업적으로 영국 여왕으로부터 대영제국 훈장과 기사 작위를 받기도 했다. 그는 중국의 록펠러나 카네기라고도 부를 만하다. 그가 세워서 기증한 건물이 모두 6,013개라고 한다. 예를 들어, 연변대학에도 그의 이름을 붙인 '일부 도서관'이 있다. 그가 기증한 건물들을 돈으로 환산하면 30억 위안(한화 5,200억 원 정도)에 달한다.

그는 영화처럼 로맨틱한 사랑을 했다. 30세와 90세에 두 번 결혼했다. 싱가포르에서 사업파트너의 애인이었던, 다섯 살 연상의 여자와 오랜 연애 끝에 결혼에 성공했다. 그리고 그녀와 50년 해로했다. 첫 부인이 세상을 떠난 후 10년이 지난 해, 그의 나이 90세에 그는 재혼했다. 45년간 그의 사업을 뒷바라지 해줬던 28세 연하의 여자였다. 90세와 62세의 늙은 신랑, 늙은 신부였지만 가슴만은 여전히 뜨거웠다고 한다. 그는 102세의 나이에 두 번째 부인에게 사업을 물려주고 비로소 경영 일선에서 은퇴했다.

이처럼 그는 이른 나이에 자기가 좋아하는 분야의 사업에 뛰어들었다. 갖은 고난을 극복하고 부를 일궜다. 영화와 방송이라는 엔터테인먼트 분야에서 선구자적 기질을 발휘하여 항상 새 길을 개척했다. 사랑에 있어서도 진실하고 로맨틱하고 열정적이었다. 그는 어렵게 번 돈을 혼자 쓰지 않았다. 대학의 우수 인재 양성을 위해 기부를 하는 등 사회에 환원했다. 그렇게 살다보니 어느덧 100세를 훌쩍 넘겨 107세까지 천수를 누렸다. 그는 우리나라에서 보기 힘든 '존경받는 부자'의 전형을 보여주었다. 그리고 편안한 노후와 행복한 삶이란 무엇이고 어떻게 얻어지는지 가르쳐주었다.

'안분된 소득' 만들기

"소득 불평등 해소는 유효수요를 높인다." "성장잠재력 확보를 위해 내수 기반을 확충하려고 하면 불평등의 정도를 줄여야 한다." 이 얘기는 누가 한 것일까? 매우 진보적인 경제학자나 급진적 시민단체, 민주노총 위원장, 정의당 국회의원이 한 얘기로 보인다. 아니다. 지난 2014년 6월 이주열 한은 총재가 기자간담회에서 한 얘기다. 현재 한국을 비롯해 세계 각국은 부족한 유효수요를 확충하기 위해 '소득 불평등'을 줄이고, 이를 통해 소비를 활성화하고, 생산과 성장을 일으켜야 한다는 것에 공감하고 있다.

불평등 해소를 위해 가장 중요한 것은 무엇일까? 정부가 복지 지출을 늘리고 재분배를 통해 격차를 줄여나가는 것이 전통적인 해법이다. 하지만 최고의 복지는 '일자리'다. 먼저 일자리를 통한 해법을 모색해보는 것이 최선의 해법이라고 생각한다.

일자리 = 복지 + 분배

일자리는 일자리에서 끝나지 않는다. 일자리는 소득을 낳고, 소득은 소비를 낳고, 소비는 경제를 돌아가게 한다. 일자리는 소득 이외에도 자부심, 보람, 안정감, 행복감 등도 함께 몰고 온다. 놀고 있던 가구원에게 일자리가 생겨서 취업하고 소득이 늘어나면 그 가구 전체의 소득이 늘어나고, 중산층 가구나 고소득층 가구로 올라가는 '계층 상승'이 일어나기도 한다. 정부 예산에서 나오는 복지 지출로 인한 수입에 비해 본인 스스로 일해서 버는 수입이기 때문에 훨씬 더 만족감이 크다. 그래서 일자리는 복지 중에서 으뜸이라고 불리며 소득분배에도 긍정적으로 영향을 미친다.

현재 우리나라의 일자리 실상은 어떤가? 최근 통계청이 잇달아 발표한 일자리 통계 3가지를 소개한다.

통계 1: 9월 청년실업률은 9.4%로 9월 기준으로는 역대 최고치를 기록했다. 전체 실업률은 3.6%로 2005년 이래 최고치다. 제조업 일자리는 3개월 연속 하락했다.

통계 2: '취업시간별 취업자' 자료를 보면 1주일 근무시간이 17시간 이하인 '초단기 근로자'의 숫자가 지난 3분기에 134만 3,000명으로 5년 만에 최대치를 기록했다.

통계 3: 대졸 실업자가 계속해서 증가하고 있다. 지난 3분기 기준 실업자 98만 5,000명 가운데 대졸자는 31만 5,000명으로 역대 최대치이며, 전체 실업자 중 대졸자가 차지하는 비중(32%) 역시 사상 최고치를 기록했다. 전문대까지 포함하면 그 비중은 44.5%로 더 올라간다. 참고로 외환위기 여파가 있었던 1999년의 전체 실업자 중 대졸자 비중은 12.1%였으며, 대졸 실업자의 숫자는 16만 1,000명이었다.

위 3가지 일자리 통계는 우리나라 일자리의 양과 질에 모두 문제가 많음을 보여준다. 학력과 일자리의 미스매치도 심각함을 알 수 있다. 우리 경제의 모든 문제의 시작과 끝은 일자리다. 고용의 안정성은 물론 노후 불안과 소득 불평등 역시 일자리와 연관되어 있다. 조선, 철강, 화학 등 전통 제조업의 구조조정 여파로 제조업 일자리는 감소하고 있다.

일자리는 이와 같이 부족할 뿐만 아니라 갈수록 유연해지고 있다. 다니엘 핑크는《프리에이전트의 시대 Free Agent Nation》에서 기업과 근로자의 관계는 '지속적 관계'가 아니라 '거래적 관계'가 될 것이라고 설파한 바 있다. 이제 원하는 사람을 원하는 때에 원하는 방식으로 고용하는 '휴먼 클라우드Human Cloud' 방식이 대세를 이룰 것이라고 한다. 평생직장의 시대는 옛날 얘기가 되었고, 평생직업의 시대를 스스로 만들어가야 한다. 알파고와 같은 인공지능의 시대, 그리고 제4차 산업혁명의 시대에 일자리는 더 줄어들고, 더 유연화되고, 더 개인화될 것이라는 우울한 전망들이 힘을 얻고 있다.

이 같은 일자리 격변의 시대에 최고의 애국자는 새로운 일자리를 만드는 분들이다. 국정의 최우선 순위는 일자리 창출이 되어야 하고, 다음 정부는 '일자리 정부'가 되어야 한다. 대통령과 총리, 장관들이 모두 '일자리 창출'에 매진해도 부족하다. 그만큼 일자리 만들기가 힘들다.

그렇게 부족한 일자리를 어디서 만들 것인가? 먼저, 의료, 금융, 교육, 관광 등 고부가가치 서비스업을 육성하여 내수를 키우고 좋은 일자리를 만들어야 한다. 또한, 국내 중소기업과 벤처기업을 세계시장에서 통하는 히든챔피언으로 성장시켜 대기업에 버금가는 좋은 일자리를 만들어야 한다. 일자리의 88%를 차지하는 중소기업의 일자리를 좋은 일자리로 바꿔나가야 한다. 물론, 그렇게 되려면 중소기업이 고유의 기술력에 기초하여 혁신적이어야 하고, 세계시장에서도 통하는 경쟁력을 갖춰야 하고, 그래서 월급도 많이 주고 근무 환경도 대기업처럼 갖출 수 있어야 한다. 즉, 사람에 투자하고 지속적인 혁신을 통해 생산성을 높이고 기업의 경쟁력을 높여야 일자리를 지킬 수 있다. 아울러, 직업훈련을 내실화하고 실업급여를 확충해야 안심하고 일할 수 있으며, 실업자가 되더라도 금방 재취업할 수 있다.

첨단기술의 발전과 세계화, 정보화의 큰 흐름 속에서 일자리는 갈수록 유연해질 것이다. 그럼에도 불구하고 앞에서 언급한 것처럼 다양한 방식으로 일자리를 만들고, 나누고, 지켜야 한다. 같은 맥락에서 우리 사회가 시급히 정비해야 할 사회적 안전망은 일자리 안전망이다. 고용보험 시스템을 통해서 기업이 아닌 사회가 안전망을 갖춰야 한다. 기업과 근로자의 관계는 갈수록 유연해지지만, 사회적 안전망은 튼튼해야 한다. 그렇게 해서 근로자들의 소득은 올라가고 불안감은 낮아져야 소비가 살아나고 경제가 활력을 되찾는 선순환 시스템을 만들 수 있다. 노후가 불편한 엄마도 부탁해야 하지만, 사회 전체적인 건강성을 유지하기 위해서는 가장 먼저 일자리를 부탁해야 한다.

저금리, 양날의 칼

2015년 여름 IMF(국제통화기금)가 발표한 보고서가 센세이션을 일으켰다. '소득 불평등의 원인과 결과'라는 보고서에 따르면 "상위 20%의 소득 비중이 1%포인트 증가하면 그 후 5년간 GDP는 연평균 0.08%포인트 감소한 반면 하위 20%의 소득 비중이 1%포인트 증가하면 같은 기간 GDP가 연평균 0.38%포인트 증가"했다는 것이다. 결국 불평등을 줄이고 성장률을 높이기 위해서는 하위 소득자나 중산층의 소득을 높이는 데 도움이 되는 정책을 실시해야 한다는 얘기다. 자본주의의 첨병으로 불리는 IMF마저도 불평등 완화를 위한 포용적 성장을 강조하다 보니 주목을 받았다.

2016년 6월 9일 우리나라의 금융통화위원회는 전격적으로 기준금리를 인하했다. 금리에 민감한 채권시장 전문가들을 대상으로 한 설문조사 결과 '기준금리 인하 가능성이 매우 낮다'고 예상했는데, 예상을 크게 벗어났다. 한 달 전 회의에서는 7인의 금통위원 모두가 만장일치로 '기준금리 동결'의 의견을 냈기 때문에, 이번 회의에서 전격적으로 '기준금리 인하'를 결정할 줄 몰랐던 것이다. 한 달 만에 180도로 의견이 뒤바뀐 배경은 무엇일까?

먼저 해외변수의 변화다. 그동안 기준금리 인하를 어렵게 했던 이유가 미국의 기준금리 인상과 그에 따른 외국인 투자자금의 유출 우려였다. 그런데, 당시 발표된 미국의 고용지표가 예상보다 크게 저조했고 그에 따라 미국의 기준금리 인상이 하반기로 미뤄질 것이라는 전망이 우세했다. 또 하나는 국내변수였다. 수출과 내수 부진이 지속되고 있는 와중에 본격적으로 조선업 등 주요 산업의 대규모 구조조정이 시작되고 있었다는 점이다. 국내 경기침체가 더 심해지기 전에 금리 인하를 단행함으로써, 구조조정으로 인한 충격을 좀 덜어보자는 뜻이었다.

그 결과 우리는 기준금리 1.25%라는 사상 초유의 저금리 시대를 맞이하고 있다. 물가를 고려한 실질금리는 마이너스에 가깝다. 금리는 다른 말로 하면 '돈의 값어치'다. 돈의 값어치가 형편없어진 것이다. 그러다 보니 눈을 돌려서 주식이나 부동산 등 위험한 상품에 투자해보려는 심리가 발동하게 마련이다. 최근 전세가격과 주택가격의 상승도 이 같은 저금리 시대의 지속과 관련 있다. 2016년 들어 5월까지 신규 분양시장의 평균 청약경쟁률이 12.7대 1이었다. 수도권만 그런 게 아니다. 2016년 4월 분양한 부산 해운대구 마린시티 자이는 450대 1의 경쟁률을 기록했다. 이처럼 저금리가 경기를 살리는 게 아니라 부동산 버블만 키우는 것이어선 곤란하다.

가계부채라는 시한폭탄은 어떻게 하란 말인가? 2015년 말 기준 가계부채는 1,203조 원에 달한다. 2016년 5월 한 달 동안 은행의 가계대출이 6.7조 원 늘었는데, 2015년 5월의 7.3조 원에 비하면 줄었지만, 2014년 5월의 1.2조 원에 비하면 크게 증가했다. 즉, 저금리 지속에 따라 2015년과 2016년 가계부채의 증가 속도가 가팔라졌다.

기준금리 인하는 양날의 칼이다. 한편으로는 경기침체를 예방하고 수출을 지원하는 효과가 있지만, 다른 한편으로는 주택시장을 불안하게 만들고 가계부채를 늘리는 등의 부작용도 있다. 구조조정의 측면에서도 금리 인하는 양날의 칼이다. 금리를 낮춰주면 빚이 많은 기업에게는 원리금 상환의 부담을 덜어주니까 숨통을 틔워준다는 측면이 있지만, 다른 한편으로는 구조조정을 지연시키고 좀비기업을 늘리는 부작용도 있다.

이처럼 돈을 빌려서 집을 사고, 주식을 사고, 부동산에 투자할 수 있는 사람들은 그래도 형편이 좋은 사람들이다. 정부의 금융통화정책이 빚을 늘리고, 주식과 부동산 등 자산 버블을 늘리는 방향으로 지속되어서는 곤란하다. 자산을 기준으로 한 빈부 격차를 더 키워선 곤란하다. 시간이 지나면, 자산 불평등은 점차 소득 불평등으로 전이되기 때문이다. 그래서 정부의 정책이 금리 인하로만 끝나선 곤란하다.

포용적 성장으로 이어지는 포용적 통화정책이 필요하다. 여윳돈이 주택시장으로 쏠리지 않도록 대출규제를 강화하는 한편, 서민금융과 마이크로파이낸스를 지원하는 대책도 준비되어야 한다. 경기 활성화를 위해서는 통화정책과 아울러 확장적 재정정책도 동시에 추진되어야 한다. 그리고 확장적 재정정책을 뒷받침하는 '증세' 방안도 준비되어야 한다. 아울러, 투자활성화를 위한 규제완화, 구조개혁 등 경제 체질을 강화하는 중장기 대책도 함께 실행되어야 효과가 극대화될 것이다.

새집도 재건축이 되나요?

　새집도 재건축이 되나요? 요즘 머릿속을 맴돌고 있는 질문이다. 조금 손보면 새 집처럼 살 수 있는데, 30년밖에 안 된 아파트들을 다시 갈아엎고 재건축을 한다. 오래된 단독주택이지만 주인의 손길이 닿을수록 버틸 만한데 다 쓸어버리고 고층 아파트로 재개발을 한다. 고치면 새 집이 될 수 있는데 중간에 일찍 버려지고 낭비된다. 아파트나 주택도 '아나바다'[18] 운동이 필요하다. 이처럼 사람의 집은 재건축이나 재개발을 통해 고층 아파트로 변해간다고 하는데, 아파트나 주택 옆의 키 큰 나무에 살던 새들의 집은 어떻게 하란 말인가? 새집도 재건축이 되는 것인가?
　과천에 살고 있는 사람의 입장에서 바라봤을 때 과천의 집값이 상대적으로 높은 이유로는 서울에서 가깝다는 점, 지하철을 비롯한 교통이 편리하다는 점, 관악산과 청계산 사이에 위치해서 녹지가 많고 공기가 비교적 맑다는 점, 인구 7만 정도의 소규모 도시로서 유흥가 등 자녀교육에 유해한 환경이 별로 없다는 점 등을 들 수 있다. 그런데 유감스럽게도 저층 아파트 단지가 순차적으로 재건축이 진행되면서 대부분 사라져버릴 것 같다. 사람 눈높이에서

---

18 '아나바다'란 '아껴 쓰고 나눠 쓰고 바꿔 쓰고 다시 쓰기'를 줄인 말로, 1998년 IMF 외환위기 이후 과소비를 줄이고 물자를 절약하자는 차원에서 널리 퍼졌던 사회운동이었음.

저층 아파트의 지붕이 보이고, 아파트 5층 높이보다 더 큰 미루나무와 메타세콰이어 나무를 보는 즐거움을 더 이상 맛볼 수 없게 될 전망이다. 건축된 지 30년밖에 안 된 튼튼한 집들을 다 갈아엎고 30층 안팎의 새 아파트가 다시 들어설 것이다. 충분히 다시 고쳐 쓰는 데 전혀 문제가 없는 아파트들인데 조금 쓰고 버려버리는 것이다. 건축물 자체가 낭비되는 것이고 그 건축물을 짓는 데 들어간 각종 건축자재와 가구, 전자제품 등이 낭비되는 것이다. 게다가 새 집, 새들이 깃들어 있는 집은 어쩌란 말인가? 저층 아파트의 30년 이상 자란 미루나무와 은행나무와 느티나무와 메타세콰이어나무에 깃들어 있던 새들은 어떻게 하란 말인가? 그 오래된 나무들도 베어져 사라질 것이고, 새들도 30년 된 터전을 잃어버리고 새로운 고층 아파트 단지가 다시 들어서기까지 어디선가 비를 피해야 할 것이다.

　우리나라는 소득의 불평등도 심각하지만 자산의 불평등도 심각하다. 자산의 불평등을 더욱 심각하게 만드는 것이 아파트의 재건축이고, 주택의 재개발이다. 그동안 우리나라에서는 재개발이나 재건축을 할 경우 용적률 등 건축 관련 규제를 풀어줘서 헌 집을 새 집으로 바꾸는 데 자기 돈이 별로 들어가지 않았다. 건설회사나 시행회사 등에서 재개발이나 재건축을 부추기는 경우도 많다. 돈이 되니까. 선출직 단체장들은 표를 의식하게 되니까 엄격한 규제를 적용하거나 지켜내기가 쉽지 않다. 그러는 사이에 우리나라는 소위 '강남 불패', '부동산 불패', '부동산 공화국'이라는 오명을 뒤집어썼다. 부동산 가격이 올라가서 이익을 보는 사람들은 소득이 높고 자산이 많아서 부동산에 투자할 수 있는 사람들이다. 주식과 주택 등 자산 가격이 올라가면 서민들은 더 큰 박탈감을 느낄 수밖에 없다. 서민들과는 무관한 일이기 때문이다. 그러는 사이에 자산의 격차는 더 벌어지게 된다.

박근혜 정부의 두 번째 경제부총리로 최경환 의원이 임명되자마자 역점을 두고 추진한 것이 금리를 내리고 돈을 풀고 부동산 규제를 완화해서 집값을 끌어올린 것이다. 2016년 4월의 국회의원 선거를 너무 의식한 것일까? 그 결과 부동산 거래가 늘고 전체 경기는 활성화되었지만, 속으로는 골병이 들고 있다. 가계부채는 늘어났고 집값과 전세는 계속 올라가 부동산 버블을 걱정하게 되었다. 예를 들어, 2016년 3분기 경제성장률이 전기 대비 0.7% 증가했는데, 그 중에서 건설투자의 기여도가 0.6%포인트다. 2016년 3분기 성장률의 87%가량을 부동산시장이 책임졌다는 얘기다. 부동산마저 침체되었다면 우리 경제는 더 암울했다고 해석할 수도 있겠다. 하지만 부동산 경기에 따른 착시현상으로 인해 경제의 체질개선을 위한 구조개혁과 업종별 구조조정이 지지부진하다는 점도 부동산 경기 활성화의 부작용이다. 부동산을 통해 불로소득과 초과이윤(렌트)의 추구를 조장하는 경제에서 누가 열심히 일하고 창의적인 아이디어를 내고 제살을 깎는 구조조정과 혁신을 감내할 것인가?

　　땅에서 가깝고 시야가 편안한 집을 제 돈 내고 리모델링을 하면서 오랫동안 살 수 있으면 얼마나 좋을까? 마을 공동체를 일궈가면서 사람 냄새를 맡아가면서 살 수는 없을까? 그러려면 먼저 집값이 안정되어야 한다. 주택 가격과 상가의 임대료가 자꾸 올라가고 재개발을 통해 고층빌딩이 올라가면 서민들과 임차인들은 그곳에서 밀려나게 된다. 돈의 논리가 작용하게 되기 때문이다. 그러면 오랫동안 그곳을 일궈왔던 공동체가 무너진다. 소위 젠트리피케이션[19]이 발생한다. 건설업자들과 부동산 투기꾼들의 자본의 논리를 이겨낼 수 있는 것은 무엇일까? 그곳에 사는 사람들의 공동체와 연대^{solidarity} 이외에 무엇이 있을까? 주택과 부동산 관련 규제와 절차를 제대로 지키도록 정책의 집행 과정과 결과를 투명하게 공개하는 것, 제대로 감시하는 것 역시 그 지역의 공동체와 시민단체 이외에 누가 할 수 있을까?

19　젠트리피케이션(gentrification)은 지주계급 또는 신사계급을 뜻하는 젠트리(gentry)에서 파생된 용어로, 1964년 영국의 사회학자 루스 글래스(Ruth Glass)가 처음 사용하였다. 글래스는 런던 서부에 위치한 첼시와 햄프스테드 등 하층계급 주거지역이 중산층 이상의 계층 유입으로 인하여 고급 주거지역으로 탈바꿈하고, 이에 따라 기존의 하층계급 주민은 치솟은 주거 비용을 감당하지 못하여 결과적으로 살던 곳에서 쫓겨남으로써 지역 전체의 구성과 성격이 변한 현상을 설명하기 위하여 이 용어를 사용하였다.

주먹구구식 나라살림

며느리가 곳간 열쇠를 쥐고 있는데 시어머니가 감 놔라 배 놔라 하면 며느리 심사가 편치 않다. 뒤주에 쌀이 반쯤 차 있다고 할 때, 어느 시어머니는 "쌀이 반절이나 있네"라고 할 수도 있지만, 성격이 깐깐한 시어머니는 "쌀이 반절밖에 없네"라면서 나무랄 수도 있다. 컵의 물이 반절이 남아 있을 때도 마찬가지다. 누구는 반절이나 있다고 할 수 있지만 누구는 반절밖에 없다고 할 수 있다.

그런데 그 물이 그냥 마시는 물이 아니라, 위기 상황에서 불을 꺼야 하는 소방차의 물이라고 가정해보자. 이 경우에는 낙관적인 시각보다는 우려스러운 목소리가 더 많아질 것이다. 재정은 소방차의 물과 같아서, 불이 났을 때 출동해서 불을 끄는 역할을 해야 한다. 경기가 침체되어 있을 때 정부 재정을 풀어서 임시 일자리를 만들고 사회복지 서비스를 통해 일시적으로 어려움에 빠진 사람들을 지원해주기도 한다. 이를 통해 경기의 하락폭을 줄여주는 구원투수의 역할을 하는 것이다.

우리나라의 재정은 건전한가? 소방차의 물이 얼마나 차 있는가? 밖에서는 상당히 너그럽게 평가하고 있다. 2015년 11월 초 OECD에서 발간한 '2015년 재정상황보고서'에 따르면 한국은 다른 회원국에 비해 상대적으로 재정적자와 국가채무의 규모 및 추이에 있어서 양호한 편이라고 평가했다. 2015년 12월 18일 국제신용

평가회사인 무디스Moody's는 한국의 국가신용등급을 Aa3에서 Aa2로 한 단계 더 상승시켰다. 전체 10개의 등급 중에서 위에서 세 번째 등급을 받아 역대 최고 등급을 기록했고, 일본, 벨기에, 대만 등을 제치고 세계 8위에 해당하는 등급을 받은 것이다. 무디스는 한국 정부의 재정건전성도 양호한 편이라고 평가했다.

그런데 이런 외국계 기관들의 낙관적인 평가에는 약간의 착시현상이 작용하고 있다. 국민연금의 흑자 때문이다. 국민연금의 역사가 채 30년이 안 되어 아직은 보험료 수입이 보험금 지급보다 훨씬 더 많다. 국민연금 기금의 적립금은 2016년 7월 기준 540조 원을 넘어섰다. 그러다 보니, 국제기구에서 평가할 때 우리나라 재정은 건전하다는 착시현상을 불러일으킨다. 그러나 국민연금 기금이 2060년경에는 고갈이 되고 그 이후에는 정부 재정에서 국민연금을 대신 지불해야 하는 사태가 올 것이라는 점을 감안한다면, 현재 재정이 건전하다고 해서 흥청망청 예산을 낭비할 수 있는 상황은 전혀 아니다.

이런 국민연금의 장기 추세를 감안한다면 우리나라 재정에 대해 낙관적인 시각을 갖기 어렵다. 그리고 경제성장률이 계속 떨어져 드디어 2%대로 하락했고, 낮은 출산율과 높은 고령화 추세는 더 심해지고 있기 때문이다. 향후 국민연금 수급자의 증가에 따른 복지 지출의 증가와 남북통일에 대비한 재정 여력의 확보 등 해결해야 할 과제들이 많이 남아 있어서 밖에서 들려오는 칭찬이 귀에 들어오질 않는다. MB 정부가 출범한 지난 2008년부터 박근혜 정부 4년차인 2016년까지 9년 동안 우리나라 재정구조의 변화 추이를 통해서 판단해보기로 하자.

먼저, 우리 경제의 생산성과 성장률을 높이는 데 기여할 교육예산과 연구개발R&D 예산의 비중이 하락 추세에 있어서 걱정이다. 지난 MB 정부 5년간 연평균 10.3%라는 높은 증가율을 보였던 R&D 예산은 2013년부터 4년간 연평균 4.5% 증가하는 데 그쳤고, 2016년에는 1.1% 증가에 그쳤다. 교육 예산도 비슷한 추세로 급락했다.

둘째, 재정의 경직성이 심해지고 있다. 법적으로 반드시 지출할 수밖에 없는 기초연금, 공무원연금, 이자 등 의무지출의 비중이 전체 예산의 47.4%까지 증가했다. 재정의 경직성이 심해지면 경제위기에 대처할 수 있는 재정 여력fiscal space이 감소할 수밖에 없다. 정부 재정이 119 구급차로서의 역할을 하기가 점차 어려워진다는 얘기다.

셋째, 세입 측면에서는 조세부담률이 계속 하락하고 있다. 2007년 19.6%까지 높아졌던 조세부담률은 2016년 18.0%로, 2008년부터 시작된 하락 추세가 지속되고 있다. 세금이 걷히는 속도가 경제가 성장하는 속도보다 더 느려지고 있다는 것인데, 재정 건전성의 기초가 흔들리는 것은 아닌지 걱정이다.

넷째, 재정적자가 고착화되고 있다. 재정수지 적자는 2016

년 −36.9조 원을 기록함으로써 2008년부터 9년 연속 적자를 기록할 전망이고, 2017년에도 확대재정 정책의 기조 속에서 재정적자를 기록할 것이기 때문에 10년 연속 재정적자가 기정사실로 되어 있다.

마지막으로, 5년 단위 재정계획의 실효성이 의심되고 있다. 2004년 참여정부 초기에 5년 단위 중기재정계획을 처음 시도한 이래 12년째지만, 목표치와 실적치 간의 괴리가 점점 확대되고 있다. 단년도 예산편성의 문제점을 극복하고 재정운용의 효율성과 건전성을 제고하기 위하여 도입된 본래의 취지에 부합하는지 의문이다.

해법은 뭘까? 먼저, 5년 단위 재정계획을 새 정부가 출범하기 전에 매 5년마다 평가하도록 의무화함으로써 '5년 단위 계획'의 실효성을 제고할 필요가 있다. 그리고 R&D와 교육 등 총요소생산성 향상과 잠재성장률 제고에 기여할 수 있는 예산에 대해서는 하락 추세를 완만하게 관리하는 등 좀 더 전략적 사고가 필요하다. 마지막으로, 조세부담률이 자연스럽게 증가할 수 있도록 지하경제를 양성화하고 세원의 투명성을 제고하는 등 세입구조의 개혁이 필요하다. 내수 활성화를 통해 경기가 좋아지고 이를 통해 소비세와 소득세가 증가한다면 금상첨화다. 소방차의 물은 항상 절반 이상 채워져 있어야 하기 때문이다.

최저임금이 높아야 하는 이유

호주는 최저임금이 높다. 호주의 최저임금은 2016년 7월부터 시급 17.29호주달러(약 14,900원)에서 시급 17.70호주달러(약 15,250원)로 올랐다. 우리나라 2016년 최저임금(시급 6,030원)보다 2.5배가량 높다. 그럼에도 불구하고 호주 경제는 잘 돌아간다. 최근에는 호주를 지배했던 영국보다 1인당 GDP(국내총생산)가 높아졌다. 영연방 국가의 일원인 호주의 1인당 GDP는 2000년 2만 1,000달러USD에서 2014년 6만 1,000달러USD로 2.9배 증가했다. 같은 기간에 영국은 2만 8,000달러USD에서 4만 6,000달러USD로 1.7배 증가하는 데 그쳤다. 호주의 경제성장률도 높다. 1991년에 마이너스 성장률을 기록한 이래로 25년간 계속해서 경제가 플러스 성장을 기록했다. 2008년 글로벌 금융위기가 닥쳤을 당시에도 호주 경제는 2.6% 성장했고, 그 여파로 대부분의 선진국이 마이너스 성장을 했던 2009년에도 호주는 1.8%의 준수한 경제성장률을 기록했다.

미국에서도 최저임금이 논란이다. 민주당 후보 경선에서 돌풍을 일으켰던 버니 샌더스 상원의원은 연방 최저임금을 시급 15달러(약 17,250원)로 올리겠다고 공약했다. 민주당 경선에서 승리한 힐러리 클린턴은 본인의 최저임금 12달러 공약을 15달러로 올릴 수밖에 없었다. 미국의 캘리포니아 주는 최저임금을 2022년까지 15달러로 올리겠다고 발표했고, 뉴욕시는 2018년까지 15달러로 올리겠다고 했다.

이처럼 세계 각국에서 최저임금을 경쟁적으로 끌어올리는 이유는 뭘까? 2008년 글로벌 금융위기 이후 촉발된 '불평등 심화' 논란 때문이다. 최근에는 프랑스의 경제학자 토마 피케티가 쓴 《21세기 자본》이 선풍적인 인기를 끌면서 다시 한 번 불평등의 심화가 논란이 된 바 있다. 불평등이 심화되고 세계적 저성장이 지속되는 배경에 '노동소득분배율'이 하락하고 있다, 근로자들 간의 임금 격차가 급격히 벌어지고 있다는 연구들이 자리하고 있다. 그 결과 최저임금을 올리고 근로자들 간의 임금 격차를 줄이고 사회적 불평등을 줄여야 소비도 살아나고 경제도 선순환한다는 공감대에 이르렀기 때문이라고 판단된다.

물론 최저임금의 인상은 소득의 향상과 임금 격차 감소라는 긍정적 효과만 있는 것은 아니다. 저임금 근로자들의 고용을 불안하게 만드는 '원치 않는 부작용'을 초래하기도 한다. 우리나라에서도 몇 년 전에 최저임금을 올리자 아파트 경비원들이 대거 해고되는 사태가 벌어진 바 있다. 최저임금을 올리면 최저임금을 적용받지 못하는 '사각지대'에 있는 근로자들이 많아진다는 비판도 있다. 최근 한국은행의 추계에 따르면 300만 명가량이 최저임금의 사각지대에 있다고 한다.

그럼에도 불구하고 최저임금을 올리는 것은 긍정적 효과가 더 많다고 본다. 소득을 올리고 임금 격차를 줄이는 것 이외에도 경제의 생산성을 향상시키고 구조조정을 촉진시키고 부가가치를 향상시키도록 '강제'하는 효과가 있다. 저임금에만 의존하는 기업들로 하여금 기술을 개발하고 아이디어를 내고 생산성과 부가가치를 높이도록 추동하는 효과가 있다는 것이다. 근로시간이 줄어들고 삶의 질이 개선되는 효과도 기대할 수 있다. 결국 전체적으로 경제가 건강해지는 효과가 있다.

혹자는 우리나라의 최저임금 인상률이 최근 들어 매우 가파르다면서 기업들에 부담을 많이 준다고 주장하기도 한다. 하지만 그 얘기는 우리나라의 최저임금이 상당히 낮은 수준에 머물러 있었다는 얘기도 된다. 앞에서 예로 들었던 호주나 미국에 비하면 우리나라의 최저임금은 아직 많이 낮은 편이다. 물가를 감안한 실질 최저임금의 비교나 평균임금 대비 최저임금의 비중으로 비교해봐도 우리나라의 최저임금이 높은 편은 아니다. 아직 가야 할 길이 한참 멀다.

세금 마일리지를 도입하자

세금을 많이 내는 사람은 존경받아야 한다. 그러나 현재 우리나라에서는 세금을 많이 내는 사람은 존경받지 못한다. 반대로 바보 취급을 당한다. 이상한 사람이라고 놀림을 받는다. 그만큼 세금을 내지 않고 빠져나갈 구멍이 많다는 얘기도 된다. 우리나라의 지하경제 규모가 상당하다는 얘기로 해석될 수 있다. 2010년 기준 우리나라의 지하경제 규모는 290조 원, GDP의 25%가량으로 추정된 바 있다. OECD 평균 18.4%보다도 훨씬 높다. 미국과 스위스의 지하경제 규모는 GDP의 10%에 못 미친다.

빠져나가는 세금을 최소화하고, 지하경제의 규모를 축소시키려면 어떻게 해야 하나? 각종 거래에 대한 증빙과 영수증을 투명하게 보관하고 제출하도록 하는 것이 기본이다. 전자계산서 의무발급을 확대하고, 현금영수증 의무발급 업종을 확대하고, 탈세에 대한 엄중 처벌, 해외 조세피난처를 활용한 탈세에 대한 엄격한 법집행도 필요하다.

이런 국세행정에 덧붙여서 납세자들 스스로 자발적으로 움직이도록 만드는 능동적 인센티브를 강화하는 것도 필요하다. 예를 들면 세금 마일리지를 도입하는 것이다. 대형 서점에 가서 책을 사면 마일리지를 적립해주고 나중에 그 마일리지를 모아서 책을 살 때 활용할 수 있다. 자그마한 커피숍에서도 커피 한 잔을 사면 도장을 찍어주는데 그것 역시 마일리지와 마찬가지로 그 가게에 자주 가도록 하는 유인을 준다. 이처럼 세금을 낼 때마다 세금 마일리지를 적립하게 해서 마일리지 경쟁을 하도록 하는 것이다. 항공사 마일리지처럼 적립된 마일리지에 따라서 등급을 나누고 높은 등급에 속한다는 자부심을 갖도록 하면 좋겠다. 그리고 적립된 마일리지는 현금으로 돌려주거나 상품으로 포상할 수 있다.

해마다 국세청에서는 우수 납세자를 시상하고 있다. 대개는 유명 연예인들과 홍보용 사진을 찍곤 한다. 그렇게 하지 말고, 연말에 기업별로 개인별로 구분해서 그 해에 마일리지를 가장 많이 적립한 사람을 선발하여 시상한다면 공정하다는 느낌도 주고 어린 학생들에게는 세금을 많이 낸 사람이 정부에서 상을 받는다는 것을 보여줌으로써 교육적인 효과도 거둘 수 있다.

또 하나는 복잡한 조세감면 규정을 줄이고, 복잡한 세법과 세율 체계를 단순화하는 것이다. 복잡하면 빠져나갈 구멍이 많아진다. 그런 것만 연구하는 전문가가 생겨나고 그 전문가가 축적한 지식과 노하우를 비싼 수수료를 내고 이용할 수 있는 사람은 고소득자와 고자산가들뿐이다.

복지가 곧 성장이다

"복지제도가 잘 갖춰진 나라는 경제적으로도 선진국이다. 복지 강화와 경제성장은 양자택일의 문제가 아니다. 보육과 교육에 대한 국가의 지원이 여성의 높은 노동시장 참여율로 이어진다. 복지 지출은 사회안전망 강화로 이어지고 나아가 창업과 투자 등 경제활동도 활발해진다."

이 얘기는 우리나라의 진보적 지식인이나 민주당 소속 정치인의 주장이 아니다. 라르스 다니엘손Danielsson 주한스웨덴대사의 설명이다. 스웨덴 복지 지출의 GDP 비중은 2014년 기준 28.1%로 OECD 평균인 21.6%보다 높고 한국의 10.4%에 비하면 2배 이상 높다. 이와 같은 높은 복지 지출 비중에도 불구하고, 스웨덴의 2015년 국내총생산GDP 증가율은 2.1%로 유럽연합EU 평균(1.4%)보다 높다. 2016년 경제성장률 전망치는 2.5%로 역시 EU 평균치 이상이다.

이처럼 스웨덴은 복지 지출도 높지만 경제성장률도 높다. 복지와 성장이 별개로 있지 않고 공존하는 나라다. 우리나라 국민들은 복지 지출이 과도하게 늘어나면 복지 병病에 걸리고 사람들이 게을러지고 성장률이 정체될 것을 우려한다. 오히려 그 반대다. 복지 지출이 늘어나 사회안전망이 잘 갖춰지면 사람들의 불안감이 감소하고 오히려 창의적이고 도전적인 기업가정신이 충만해진다. 실패해도 재기할 수 있는 사회적 안전망이 든든하기 때문이다. 스웨덴은 고교나 대학을 졸업한 후에 기업체의 꽉 짜인 틀 속으로 들어가기보다는 창업을 통해 꿈에 도전하는 젊은이들이 많다. 스웨덴은 혁신적이고 창의적인 나라로 알려져 있다. 2013년 11월 EU 집행위원회가 발표한 '경제혁신지수'에서 스웨덴은 1위를 했으며, 2016년 8월 세계지적재산권기구WIPO가 발표한 '글로벌혁신지수' 평가에서는 스위스에 이어 2위를 기록했다.

우리나라는 아직 과도한 복지를 걱정할 단계가 아니다. 우리나라의 2014년 기준 복지 지출의 GDP 비중은 10.4%에 불과하며 OECD 평균인 21.6%에 비하면 절반에도 못 미친다. 복지 지출을 통해 소득 격차와 불평등을 축소하는 것은 공동체의 회복과 사회 통합을 위해서 바람직할 뿐만 아니라 경제 그 자체를 위해서도 도움이 된다. 복지 지출의 형태로 저소득층에게 지원되는 '이전소득_{移轉所得, transfer income}'은 생활필수품 구매를 통해 소비로 전환되며 경제 활성화에 기여하게 된다.

복지를 위한 정부 예산은 어떻게 조달하느냐? 돈 걱정을 하시는 분들이 많다. 복지를 위한 돈은 하늘에서 떨어지거나 땅을 판다고 나오는 것은 아니다. 국민들이 열심히 경제활동에 참여하고 소득을 올리고 세금을 낸 결과로 나라살림이 이루어지는 것이다. 복지 혜택을 더 누리기 위해서는 세금을 더 내는 수밖에 없다는 얘기다. 그렇다고 현재 우리나라의 저부담_(낮은 조세부담율), 저복지_(낮은 복지 지출 비중) 모델에서 스웨덴처럼 고부담, 고복지 모델로 단번에 이동할 수는 없다. 단계를 밟아서 중부담, 중복지 모델을 거쳐서 차차 복지국가로 이행하는 것이 현실적이고 바람직하다. 결국 성장과 복지와 세금이라는 세 바퀴가 동시에 그리고 무리 없이 굴러가는 한국형 복지모델을 설계하고 만들어가야 한다.

님비와 눔프

님비와 눔프는 사촌지간이다. 님비Nimby는 'Not in my back yard'의 줄임말로, 쓰레기 소각장이나 화장장 등이 꼭 필요한 공공시설이긴 하지만 '내가 살고 있는 지역에 들어오는 것은 반대'하는 현상을 가리킨다. 님비 현상이 바람직하진 않지만 그렇다고 무작정 비난만 할 수는 없다. 예를 들어, 쓰레기 소각장을 지하에 배치하고 지상에는 놀이시설과 공원, 주차장 등 편의시설을 배치함으로써 그 지역 주민들의 반대를 최소화하는 사례들이 선진국은 물론 우리나라 지자체에서도 많이 소개되고 있다.

눔프Noomp는[20] 'Not out of my pocket'의 줄임말로, 정부가 제공하는 복지 서비스가 늘어나는 것이야 좋지만 '내 호주머니에서 돈이 나가는 것은 반대'하는 현상을 말한다. 다른 사람이 먼저 세금을 부담하고 나는 맨 나중에 세금을 부담하겠다는 얌체 같은 행동이다. 하지만, 다른 한편에서 보면 눔프 현상은 님비 현상과 마찬가지로 일반 국민들의 자연스러운 행동 양태라고 볼 수도 있다. 상대적으로 돈이 많은 부자들의 소득세를 먼저 올리고, 흑자를 많이 내는 대기업들의 법인세를 더 많이 걷고, 상속세나 증여세를 더

---

[20] 김동열, '복지의식의 이중성과 눔프 현상', 한국경제주평 12-12(Vol.483), 현대경제연구원, 2012.4.2

엄정하게 부과하고, 징세활동의 사각지대를 최소화하고, 가짜 영수증과 같은 탈세 행위를 엄단하고, 지하경제를 양성화하고, 그러고 나서도 세원이 부족하다고 하면 마지못해 세금을 더 내겠다는 심리인 것이다.

동서고금을 막론하고 세금 내기 좋아하는 국민들은 많지 않다. 세금을 올렸다가 선거에서 참패를 당한 과거 사례도 많다. 정치인들이 증세를 주저하는 것 역시 선거에서 불리하기 때문이다. 현대경제연구원의 조사[21]에 따르면, 복지 서비스 강화를 위한 재원조달 방안 가운데 본인의 부담으로 돌아오는 소득세를 인상하겠다고 응답한 사람은 10명 중 1명도 안 된다.

그런데, 스웨덴이나 덴마크와 같이 조세부담률이 50% 가까이 되는 나라의 국민들이 기꺼이 세금을 더 내려고 하는 이유는 뭘까? 이 나라 국민들은 복지를 확충하기 위해 세금을 더 걷을 경우 찬성하느냐 반대하느냐를 물어보면 2/3가량이 찬성한다. 우리나라와는 확연히 차이가 난다. 누구나 세금 더 내는 것을 좋아하진 않겠지만, 북유럽 복지국가의 국민들에게는 세금을 더 내고 더 좋은 복지 서비스를 경험했던 '아름다운 추억'이 남아 있다. 이처럼 세금을 내면 복지 혜택이 돌아온다는 경험이 쌓임에 따라서, 세금을 더 내는 것에 대한 거부감은 줄어들게 된다. 또 하나는 세금을

---

[21] 김동열(2012)

걷어가는 국세청과 그 세금을 사용하는 행정부 전반에 대한 신뢰도가 높기 때문에 기꺼이 세금을 더 내게 된다는 것이다. 보통의 욕심 많은 고양이에게 생선을 맡길 수는 없지만, 재치 있고 능력 있는 '장화 신은 고양이Puss in Boots'[22]에게는 생선을 맡길 수 있다고 생각하는 것이다.

총선이나 대선 등 선거 시기가 되면 복지 논쟁이 자주 벌어진다. 복지의 필요성을 강조하는 사람들과 복지가 나라를 망친다고 비난하는 사람들끼리 접점을 찾기가 쉽진 않다. 예를 들어 최근 몇 차례의 선거에서, 보편적 복지와 무상복지를 둘러싼 여야 간의 공약 경쟁이 뜨거웠다. 여야를 막론하고 모든 후보들이 복지와 경제민주화를 공약했다. 무상의료, 반값등록금, 무상보육 등의 복지 공약은 듣기에는 참 달콤하다. 그런데, 복지에 들어갈 돈, 즉 세금을 마련하기는 쉽지 않다. 앞에서 언급한 '눕프' 현상으로 해석할 수 있다. 님비와 마찬가지로 눕프 현상을 최소화하기 위한 대책은 무엇인가? 스웨덴 덴마크 같은 북유럽 복지국가들처럼 세금을 기꺼이 내게 하려면 어떻게 해야 하나?

그나마 다행인 것은 우리나라의 복지수준이 주요 선진국의

---

[22] '장화신은 고양이'는 프랑스의 동화작가 샤를 페로가 1697년에 발표한 동화집《옛날 이야기(Histoires ou Contes du Temps Passé)》에 수록된 작품. 큰 형은 방앗간을, 작은 형은 당나귀를 물려받았지만, 고양이 한 마리만 상속받은 막내는 큰 실망. 그런데 '장화신은 고양이'가 재주를 부려서 막내를 공주와 결혼시키고, 멋진 성에서 행복하게 살았다는 이야기(두산백과)

국민소득 2만 달러 시기(1990년)에도 못 미치고 있다는 점이다. 게다가, 아직 조세부담도 낮은 편이다. 그만큼 세금을 더 부담할 여력은 남아 있다는 것이다. 리스크 요인도 남아 있기는 하다. 즉, 지난 20여 년간 복지 지출과 국민부담률, 국가채무 역시 빠르게 증가했다. 따라서 향후 복지 지출을 증가시킬 경우에는 복지-세금-성장 세 가지를 연계하는 한국형 복지모델의 정립이 필요하다. 복지 지출 구조의 재조정도 필요하다. 건강보험의 재정건전화를 추진하고, 보육, 직업훈련 등 성장친화적 복지 지출의 비중은 늘려야 한다. 정부 예산 구조의 재조정을 통해 경제관련 지출은 줄여나가고, 복지관련 지출의 비중은 점차 높여나가야 한다. 아울러, 자영업자의 소득파악률을 근로소득자 수준으로 제고하여 세원의 투명성을 제고하는 등 복지 지출의 여력을 끌어올려야 한다.

　또한 공직자들의 솔선수범, 투명한 행정, 내가 낸 세금이 나의 혜택으로 돌아오는 경험의 확산 등이 필요하다. 이를 통해 '더 좋은 복지 서비스를 위해서는 세금을 더 내야 한다'는 책임의식이 확산되도록 해야 한다. 복지 서비스와 조세행정에 대한 투명성과 효율성을 높임으로써 정부에 대한 신뢰도를 끌어올려야 한다. 세정稅政의 사각지대(지하경제, 조세 회피 등)를 최소화함으로써 정부에 대한 신뢰도를 높임은 물론 세수稅收 확충에도 기여할 수 있을 것이다. 궁극적으로는 저부담-저복지 모델에서 중부담-중복지 모델로 이행할 수밖에 없음을 널리 알려나가야 한다.

국세청의 '미움받을 용기'

요즘 한국인들에겐 용기가 필요한가 보다. '용기'라는 단어로 끝나는 책들이 쏟아져 나와 있다. 《늙어갈 용기》, 《버텨내는 용기》, 《상처받을 용기》, 《인생에 지지 않을 용기》, 《나와 마주서는 용기》, 《행복해질 용기》, 《미움받을 용기》 등이다. 그 중 대표작이 알프레드 아들러의 개인주의 심리학을 소개하는 《미움받을 용기》라는 책이다. 이러한 '용기' 신드롬의 배경은 무엇인가? 아마도 고령화, 저성장, 청년실업, 조기은퇴 등 감당하기 힘든 시대적 한계를 돌파해내는 방법 중 하나로서 아들러의 키워드 '개인적 용기'와 '주관적 세계관'이 그나마 이 시대의 많은 독자들에게 어필했기 때문으로 해석된다.

해마다 8월이 되면, 정부의 세법 개정안이 발표된다. 언론은 물론 국회에서도 이 세제 개편안을 두고 갑론을박이 벌어진다. 지속되는 불황과 저성장에 시달리고 있는 국민들도 세금에 예민해져 있고 세제 개편안에 대한 관심도 높다. 2015년 연말에도 법인세 인상과 소득세 인상이 논란이 된 바 있다. 야당에서는 이명박 정부에서 내려준 법인세를 다시 올리자고 하고 여당에서는 요즘 기업들 어려운데 법인세를 올릴 수는 없다고 한다. 세금을 많이 내면 그 만큼 당장 내가 쓸 돈이 줄어들기 때문에, 세금을 쉽게 순순히 거두어 가기란 동서고금을 막론하고 쉬운 일이 아니다. 하지만 우리나라는 아직도 '조세부담률'이 선진국 대비 낮은 편이며, 근로소득세를 내지 않는 근로자의 비율이 50%에 달하는데도 불구하고 왜 이렇게 불만이 많을까?

가장 큰 이유는 자영업자에 대한 근로자들의 상대적 박탈감이다. 최근 정부가 추진하는 것처럼 근로소득 공제를 줄이고, 교육비와 의료비 공제를 줄이는 등 각종 세제 개편의 파급효과는 소위 유리지갑이라고 불리는 봉급생활자들에게 집중된다. 자영업자들은 사업과 관련된 각종 경비로 과세대상 소득을 최대한 줄일 수 있으며, 실제 납부한 세금의 소득 대비 부담도 높지 않다. 현대경제연구원이 통계청 가계동향조사를 토대로 계산한 바에 따르면, 상용직 근로자의 소득세를 총소득으로 나눈 세금 부담은 2012년 기준 3.7%였지만, 자영업자의 경우에는 1%에도 못 미쳤다.

또 하나의 이유는 세금을 주로 부담해야 하는 중산층의 살림살이가 옛날에 비해 버거워졌다는 것이다. 10년 전과 20여 년 전에 비해 중산층 비율은 줄어들고 있으며, 중산층 가운데 살림살이가 적자인 가구의 비율은 1990년 15.8%에서 최근에는 23.3%로 증가했다.

우리는 받는 데는 익숙하지만 주는 데는 인색하다. 하지만 복지 서비스를 늘리려면 세금도 조금씩 더 부담할 수밖에 없다. 그게 바로 세금과 재정의 원칙이다. 세율은 올리지 않으면서 복지 재원을 조달한다는 것은 묘수가 아니고 조삼모사다. 세금 부담 없이 복지 재원을 조달할 수 있다는 기대를 부풀리면, 세금을 조금 올리고도 큰 불만을 사게 된다.

　프랑스 루이 14세 시절의 재상 콜베르Jean-Baptiste Colbert는 세금 걷는 것을 '거위 털 뽑기'에 비유한 바 있다. 거위가 아파하지 않고 도망가지 않도록 털을 뽑아야 하듯이, 국민들로부터 세금을 거둬들이는 것도 그와 같아야 한다는 뜻이다. 지금 우리나라에서는 수많은 거위들이 아우성이다. 정부가 털 뽑기를 너무 아프게 한다는 것이다. 자영업자들은 살살 뽑으면서 왜 봉급생활자만 아프게 뽑느냐며 불만이고, 고소득 근로자들 역시 지금도 많이 뽑히고 있는데 더 뽑아간다며 불만이다.

　이처럼 '거위의 털 뽑기'가 갈수록 어려워짐을 국민 모두가 체험했으니, 각종 선거의 후보자들이 앞으로는 복지 공약을 준비하는 데 더욱 신중해야 할 것이다. 원칙대로 말하고 소신 있게 행동하면 미움받게 되어 있다. 하지만 나라의 미래를 위해서는 어쩔 수 없다. 지금 이 시대 우리나라 국세청 공무원들에게 '미움받을 용기'를 기대해본다.

'삶의 질' 높이기

보츠와나를 아시나요?

최근 '김영란법' 시행령이 발표되면서 국민들의 관심이 집중되고 있다. 반부패정책을 성공적으로 실행한 나라로서 싱가포르가 회자되고 있다. 싱가포르의 성공 사례에 덧붙여 필자는 아프리카의 '보츠와나Botswana'를 추가하고 싶다.

보츠와나가 어디에 있는 나라인지도 모르는 분이 대부분일 것이다. 보츠와나의 남쪽 국경은 남아프리카공화국의 북쪽 국경과 맞닿아 있다. 영국으로부터 독립된 지 50년밖에 안 된 신생국이다. 보츠와나의 다이아몬드 매장량은 세계 3위에 해당할 정도로 자원부국이다. 인구는 200만에 불과하지만, 나라의 크기는 한반도의 2.6배로 프랑스보다 조금 크다. 땅덩어리는 크고, 인구는 적고, 지하자원은 풍부한 나라들이 흔히 걸리는 쌍둥이 병이 있는데, '부패'와 '자원의 저주resource curse'다.

'자원의 저주'라는 병은 자원이 너무 풍부하다 보니 걸리는 병이다. 아이러니라고도 할 수 있지만, 세상에 공짜는 없다. 풍부한 자원을 해외에 수출하다 보면 국내 물가가 오르게 되고, 임금도 따라서 오르게 되고, 국내 제조업체에서 만든 물건의 가격이 올라가게 된다. 국내제품을 해외에 내다팔기 어려워짐에 따라 제조업의 경쟁력이 하락하게 된다. 게다가 자원수출에 따른 소득을 일부 특권층이 독점하게 되면 불평등에 대한 국민들의 시위 등 사회적 갈등이 심각해진다. 결국 풍부한 자원이 국가발전에 오히려 악영향을 초래하게 되는데, 이것을 흔히 '자원의 저주'라고 부른다. 아프리카에서만 있었던 일은 아니다. 네덜란드도 1959년 북해에서 발견된 유전과 가스전으로 환호하다가 이 병에 걸렸다. 거의 죽다가 다시 살아났다. 그래서 '자원의 저주'를 '네덜란드병病'이라고도 부른다.

하지만 보츠와나는 네덜란드, 리비아, 가나, 콩고 등 다른 자원부국들이 걸렸던 '자원의 저주'라는 병에 걸리지 않았다. 그 배경에는 보츠와나의 강력한 '반부패정책'이 자리하고 있다. 1994년에 '부패 및 경제범죄법'을 제정했고 관련 전담부서 '부패 및 경제범죄원DCEC'을 설립했다. 2012년에는 '부패전담법원'을 신설했다. 이와 같은 노력에 힘입어 국제투명성기구TI가 발표한 2014년 부패인식지수CPI 순위를 보면 보츠와나는 31위로 우리나라의 43위보다 훨씬 더 우수하다. 이와 같은 강력한 반부패정책으로 인해 외국인투자가 지속적으로 늘어났고, 보츠와나의 안정적인 경제발전과 국민소득 증가로 이어졌다. 그 결과 보츠와나의 1인당 GDP는 구매력평가PPP 기준으로 1만 6,000달러에 달한다. 아프리카 국가 중에서 최상위권이다. 무디스 기준 국가신용등급은 'A2'(상위6등급)로, 우리나라의 'Aa3'(상위4등급)와 큰 차이가 없다. 헤리티지재단이 평가한 경제자유화지수는 36위로서 우리나라의 29위보다 조금 밑이다.

'대런 애쓰모글루'와 '제임스 로빈슨'의 공저《국가는 왜 실패하는가(2012)》에 따르면, '개인, 기업가, 정치인 모두에게 공정한 기회를 주고 참여의 인센티브를 제공하는 포용적 시스템Inclusive System이 형성돼 있는지 여부'가 그 나라의 번영을 좌우한다. 영국 식민지에서 1966년 독립하여 50여 년의 역사에 불과한 보츠와나가 중진국에 가깝게 발전할 수 있었던 것도 소수 엘리트 중심의 '배타적' 성장이 아니라 '포용적' 성장의 길을 걸었기 때문이다. 국민들 누구에게나 기회를 공평하게 제공하는 민주적 정치제도, 투명하고 공정한 시장경제 시스템, 불평등을 줄이는 포용적 소득분배 시스템을 갖췄기 때문이다.

최근 지속되는 우리 경제의 저성장이 국민들의 우려를 낳고 있다. 낡은 경제시스템을 혁신하여 생산성을 높이고 글로벌 경쟁

우위를 지키는 것 이외에 지름길은 없다. 강력한 반부패정책은 그런 과정의 일부에 지나지 않는다. 대기업과 중소기업의 공정경쟁 촉진, 소득 격차 완화, 사회안전망 강화 등의 정책이 지금의 저성장을 탈피하게 해주는 '바둑의 정석'에 해당할 것이다. 묘수는 없다.

앙팡 테리블

'앙팡 테리블', 즉 '무서운 아이들'은 1929년생이다. 프랑스 작가 장 콕토가 1929년에《앙팡 테리블 Les Enfants Terribles》을 발표했다. 1950년에 장 콕토와 장 피에르 멜빌은《앙팡 테리블》을 영화로 만들었다. '앙팡 테리블'은 기존 질서에 순응하지 않고 새로운 흐름을 만들어내는 젊은이를 의미한다. 10대 정도의 나이라면 '앙팡 테리블'이라는 단어가 가장 잘 어울리겠지만, 1952년생인 '장 폴 고티에' 같은 디자이너도 '패션계의 영원한 앙팡 테리블'이라고 불린다.

'중2병'은 1999년 일본의 한 라디오 프로그램 진행자가 처음 사용하면서 널리 퍼지게 되었다. 세상에서 자신이 제일 불행하고 고독하며 세상을 등진 존재라 여기는 증상을 '중2병'이라고 한다. 그런데 왜 하필 중학교 2학년인가? 중학교 1학년은 초등학교를 졸업한 후 새로운 환경에서 모든 게 생소하고 불안하여 정신없이 눈치 보며 지내다가 훌쩍 지나가버린다. 중학교 3학년은 고교 입시를 준비해야 하기 때문에 반항은 이제 그만둬야 하는 분위기 속에서 어느덧 지나가버린다. 그 사이에 '중2'가 있다. 교사들은 중학교 2학년이 가장 다루기 어려운 학년이라고 토로한다. 중2가 얼마나 무서웠으면, 북한이 남침하지 못하는 이유를 '중2가 무서워서'라고 하는 우스갯소리가 유행하기도 했다.

　1970년대 후반 필자의 중학생 시절도 비슷했다. 사고도 많이 치고 선생님께 꾸지람도 많이 들었다. 이제 막 부임한 젊은 여선생님은 악동들에게 단련되어 처음엔 울었지만 나중엔 투사가 되었다. 그러다 중3이 되고, 고딩이 되면 철이 든다. 나이가 들어 중2 시절을 회상하면 '아름다운 시절'이 된다.

　그런데 지금의 중2들에게도 중2 시절이 '아름다운 시절'로 회상될까? 국제구호단체 '세이브더칠드런'과 서울대 사회복지연구소가 지난해 '아동의 행복감 국제 비교연구'를 실시한 결과, 한국 아동의 '주관적 행복감'은 유럽, 남미, 아프리카 등의 12개국 중 최하위에 머물렀다. 특히 초등학생 때에 비해 중학생의 행복감이 급격히 감소하는 것으로 나타났다. 아동의 연령이 높아지면서 행복감이 감소하는 현상은 세계적 추세지만 한국은 유독 중학교에 진학하면서 행복도가 급격히 떨어진다고 했다. 그 원인은 늘어난 학습량으로 여유 시간이 없다는 점 외에도 극심한 경쟁, 진학과 취업 등 미래에 대한 불안감 때문이라고 한다.

　우리와 달리 핀란드의 아이들은 행복하며 공부도 잘 한다. 핀란드의 아이들은 사교육이나 숙제 부담이 없고, 체험과 토론 중심으로 수업이 이루어진다. 핀란드에서는 학업에 뒤처지는 아이들에게 더 많은 시간과 배려를 투입함으로써 공교육의 틀 속에서 낙오자 없는 교실을 만들고 있다. 그래서 대부분의 학생들에게 학교 가는 일이 즐겁고 행복하다. '중2병'도 없고 '앙팡테리블'도 드물다.

2016년 12월 교육부가 발표한 '국제학업성취도평가PISA 2015'에 따르면, 우리나라는 2000년 이래로 계속해서 수학, 과학, 읽기 등의 분야에서 전체 72개국 가운데 10위권 이내의 좋은 성적을 유지하고 있다. 하지만, 학업에 대한 흥미는 전혀 딴판이다. 예를 들어, 과제를 스스로 얼마나 해결할 수 있는지를 의미하는 '자아효능감'은 −0.02로 70개국 중 41위를 차지했으며, '과학에 대한 즐거움'은 −0.14로 3년 전에 비해 소폭 높아졌으나 70개국 중 61위로 하위권을 맴돌았다. 공부는 마지못해 하지만 재미가 없다는 것이며, 이렇게 되면 아이들에게 창의적인 아이디어가 솟아나기 어렵고, 어려운 문제에 도전하는 아이들이 줄어들게 마련이다.

요즘 시대를 창의적 아이디어가 중요한 시대, 암기보다는 문제해결 능력이 중요한 시대라고 한다. 단순한 지식은 인터넷에 다 올라와 있고, 반복적인 일들은 로봇이 다 대체하는 시대에 살고 있다. 먼저 아이들을 행복하게 만들어줘야 한다. 그러기 위해서 학교가 변해야 하고 수업이 재미있어져야 한다. 아이들이 손을 들고 너도 나도 질문하려고 하는 활기찬 교실로 변해야 한다. 미래의 아이들이 알파고와 같은 인공지능컴퓨터를 뛰어넘을 수 있으려면 먼저 교육부터 창의적으로 변해야 한다. 학교수업이 토론과 참여와 협력 중심으로 변하게 되면, 아이들이 행복해지고, 창의적 아이디어가 샘솟고, 나라경제에 활력이 넘치고, 새로운 일자리도 자꾸 생겨나게 마련이다. 그러면 경제도 행복해진다.

산천초목도 아프다

노인과 청년과 여성들만 아픈 게 아니다. 소위 말하는 취약계층만 취약한 게 아니다. 산천초목도 많이 아프다. 우리들의 못된 손버릇과 비양심 때문에 주변의 물과 바람과 나무와 새들이 멍들고 있다. 후손들에게 깨끗이 물려줘야 할 자연환경이 엉망이 되어가고 있다.

며칠 전 TV에서 '독도 새우' 잡는 걸 본 적이 있다. '독도 새우'가 좋아하는 생선 조각을 투망에 넣어 독도 앞바다 수심 200미터 언저리에 내려놓는다. 그 투망에 '독도 새우' 대신 바다 쓰레기들이 잔뜩 걸려서 올라온다. 그 청정한 독도 앞바다가 그 지경이면 다른 서해나 남해 바다는 말할 필요도 없다. 기름기가 많아서 쫄깃쫄깃하니 식감이 좋은 참가자미를 잡기 위해 쌍끌이 방식으로 어망을 던져놓고 시간이 되어 끌어올리니 참가자미는 몇 마리 보이지 않고, 폐타이어, 폐어망, 프라스틱 통들이 잔뜩 올라온다. 어선의 새 그물과 장비를 다 망가트릴 지경이다.

청평 부근의 골프장에 갔다가 돌아오는 길에 북한강변의 수상놀이시설 근처에서 잠시 쉰 적이 있다. 수상스키를 가르치는 코치처럼 보이는 사람이 바지선에서 양치질을 하면서 입 안의 물을 한강에 그대로 뱉어버리고 있었다. 1천만 서울시민의 식수원이 그렇게 더럽혀지고 있었다.

얼마 전 TV에서 쓰레기로 몸살을 앓는 한강고수부지를 보여준 적이 있다. 특히 여름철에 연인들과 시민들이 자주 이용하는 한강고수부지에서 아침이면 어마어마한 쓰레기들을 치우느라 청소하시는 분들이 죽을 고생을 하고 있는 장면이었다. 경포대나 해운대 같은 유명 해수욕장도 쓰레기로 몸살을 앓기는 마찬가지다. 밤새 취객들이 해수욕장에 버리고 간 소주병과 컵라면 용기들을 수거하느라 전쟁을 치루고 있다.

이게 바로 대한민국의 민낯이다. 대한민국이 일류국가로 올라서려면 아직 한참 멀었음을 보여주고 있다. 일본은 남에게 폐를 끼치지 말라고 어려서부터 귀에 못이 박히도록 가르친다. 독일은 어릴 적부터 공중도덕을 철저히 가르치고 실습시킨다. 공공질서를 지키는 것이 왜 중요한지를 어릴 적부터 깨닫고 체화되도록 하는 것이다.

왜 우리는 친환경 친환경 말로는 외치면서 정작 자신의 행동은 환경을 망치고 있는 것일까? 아무 곳에나 거리낌 없이 쓰레기를 버리고도 당당하다. 그 쓰레기가 본인이 맛있어 하는 생선회를 망치고, 산과 들의 먹거리를 망치고, 공기를 더럽히고, 새를 아프게 하고 있음을 왜 모르는 걸까? 플라스틱 쓰레기를 물고기들이 주워 먹고, 새들이 쪼아 먹어서 병들고 있음을 왜 모르는 것인가? 유치원, 초등학교에서 가나다라, 1234, ABCD만 가르칠게 아니다. 본인이 버린 쓰레기가 산, 바다, 나무, 공기를 오염시키고, 개와 고양이, 물고기와 새를 고통받게 한다는 점을 사진으로 보여주고 동영상으로 보여줘야 한다. 그리고 산으로 들로 나가서 쓰레기를 줍도록 해야 한다. 그게 바로 살아있는 시민교육이다.

　　시민의식과 사회적 자본이 부족한 나라는 일류국가와 선진국이 될 수 없다. 단언컨대 그렇다. 사회학자 송호근 교수의 한국 사회 진단도 비슷하다. 《나는 시민인가》라는 책에서 그는 "우리나라가 개인과 가족, 국가와 국민은 발달했지만, 공익과 공동체, 시민과 시민성은 발달하지 못했다"고 지적하고 있다. 그러면서 "공익에 긴장하고, 타인을 배려하며, 공동체에 헌신하는" 시민으로 거듭나야 한다고 주문하고 있다.

　　이처럼 우리는 시민의식과 사회적 자본이 형편없는 수준이다. 그런데 경제적 덩치가 조금 커졌다고 선진국 운운하고 있다. 택도 없다. 정신과 행동이 일류국민이 되어야 진정한 선진국이다. 경제 규모나 물건 만들기만 일류가 되어선 곤란하다. 이대로라면 중진국에 계속 머물면서 이류국가에 그치고 말 것이다. 정말 부끄럽지 않은가?

10시 출근, 5시 퇴근

　10시 출근, 5시 퇴근. 이런 직장이 있을까? 꿈같은 얘기다. 하지만 꿈이 아니다. 현실이다. 정확히 얘기하자면, 한국에서는 꿈이지만 스웨덴에서는 현실이다. 물론 스웨덴의 모든 지역에서 그런 것은 아니다. 예테보리 시市의 스바르테달렌스Svartedalens 지역에서만 시범적으로 이루어지고 있다. 스바르테달렌스의 직장인들은 하루 8시간씩 1주일에 40시간 일하던 것을 하루 6시간씩 1주일에 30시간 일하는 것으로 바꿨다. 근무시간은 줄었지만 월급은 똑같다. 환상적이다. 근무시간이 줄었다고 해서 사람을 더 뽑은 경우는 많지 않았다. 근무시간은 줄었어도 월급은 똑같은데, 사람까지 더 뽑는다고 한다면 감당할 수 있는 직장이 많지 않기 때문이다.
　이렇게 2015년 1년 동안 시범적으로 실시했던 근로시간 단축의 결과는 기대 이상이었다. 직원들의 건강이 좋아지고 결근이 감소하고 생산성이 증가하고 경영성과가 개선되었다고 한다. 물론, 병원처럼 24시간 교대근무를 해야 하는 곳에서는 불가피하게 사람을 더 뽑았고 인건비가 더 지출이 되었다. 하지만 나쁜 일만 있었던 것은 아니다. 병원의 의사와 간호사의 만족도가 올라가면서 환자들에 대한 서비스가 좋아졌기 때문이다.

임금은 똑같이 주면서 근무시간을 주 40시간에서 30시간으로, 하루 8시간에서 6시간으로 줄인다는 것은 쉬운 일이 아니다. 한 번 줄어든 근무시간을 다시 늘리기는 쉽지 않다. 월급을 줄이기도 쉽지 않다. 그래서 일단 특정 지역에서 소규모로 그리고 시범적으로 실시해보고 있는 것이다.

이 실험이 갖는 의미는 무엇일까? 먼저, 알파고에 대비하는 의미가 있다. 알파고와 같은 인공지능 로봇이 널리 보급되면 그만큼 사람의 일자리가 줄어든다. 그만큼 일자리를 나누고 근무시간을 줄여갈 수밖에 없다. 근무시간을 줄여도 업무량이나 생산성에 큰 차이가 없다는 것을 확인할 수 있다면 그나마 다행이다. 일자리 감소의 폭이 줄어들기 때문이다.

또 하나는 '일과 가정의 양립'이 보다 쉬워진다는 것이다. 아침에 아이를 학교에 데려다주는 일도 가능해지고, 저녁에 일찍 퇴근하여 아이와 놀아주거나 청소, 빨래, 저녁 준비 등 가사 분담이 쉬워진다. 그 결과 아내에게 쏠려 있던 자녀양육의 부담을 남편도 공평하게 분담할 수 있게 된다. 우리처럼 낮은 출산율로 골머리를 앓고 있는 나라들에게 '10시 출근, 5시 퇴근'은 참신한 해법이 되는 셈이다.

게다가 저녁 있는 삶이 가능해진다. 5시에 퇴근하는 직장의 경우, 아무리 늦어도 6시에는 퇴근하게 되고, 집에 오면 7시가 된다. 간단히 저녁 준비하고 식사하고 나면 8시 30분쯤 될 것이다. 다음 날 아침에 10시까지 출근하면 되기 때문에 저녁시간과 아침시간이 여유롭다. 이처럼 저녁이 있어야 하늘의 별도 보게 되고, 자녀도 생긴다. 출산율이 자연히 높아진다.

지난 5일 OECD에서 '삶의 질' 순위를 발표했다. 38개 회원국을 대상으로 일자리, 공동체, 교육, 환경, 시민참여, 건강, 삶의 만족도, 안전, 일-가정 양립 등 11개 항목을 평가해서 매년 국가별 순위를 발표하고 있다. 우리나라는 2012년 24위, 2014년 25위, 2015년 27위, 2016년 28위로 계속 하락하고 있다. 세부적으로는 환경 37위, 일-가정 양립 36위, 공동체 37위, 삶의 만족도 31위 등이 특히 심각하다. 주 50시간 이상 일한 임금근로자의 비율은 23.1%로 터키, 멕시코에 이어 세 번째로 높았고, OECD 평균(13%)보다 10%포인트 높았다. 우리나라의 대부분의 직장인들은 회사에서 늦게까지 일만 하다 보니 건강도 문제, 가정도 문제, 지역사회 공동체도 문제가 되고 있다.

이런 상황에서 스웨덴의 주 30시간 실험은 너무 반가운 소식이다. 근무시간을 줄이고 월급을 그대로 줘도 생산성이 높아지고 경영에 미치는 악영향이 별로 없다는 중간평가 결과는 더욱 더 반갑다. 우리도 이제 패러다임을 바꿔야 할 때가 되었다. 스웨덴의 실험이 성공적이라고 하니 우리나라에서도 그 실험을 시작해야 한다.

 '제주도에서 주 30시간 근무를 실험하기 시작했다.' 이런 기사를 보고 싶다. 그만큼 우리나라는 절박하다. 악순환의 고리를 끊어내야 할 막다른 골목에 도달했다. 아이보다 늦게 출근하고, 아이보다 일찍 퇴근하자. 아내가 좋아하고 아이가 좋아한다. 그러면 둘째가 자연스럽게 생긴다. 이렇게 사회가 바뀌면 저출산 그거 아무것도 아니다. 합계출산율 1.2가 금방 2.1로 뒤바뀔 수 있다. 저녁 없는 삶을 저녁 있는 삶으로 바꾸자. 그러면 나도 살고 가정도 살고 회사도 살고 나라도 살 수 있다.

여성경제가 답이다

 얼마 전 KDI가 2017년 우리 경제의 성장률 전망치를 당초 2.7%에서 2.4%로 하향 조정했다. 무슨 뜻이냐? 저성장의 고착화, 경기회복의 지연을 의미하며, 당분간 우리 경제가 국민소득 3만 달러에 도달하기가 쉽지 않다는 얘기다. 우리 경제가 인플레 없이 달성 가능한 최대한의 성장률(잠재성장률)을 밑도는 2.4% 정도의 경제성장에 그칠 것이라는 슬픈 얘기다.

 '여성경제'가 답이다. 무슨 뜻이냐? 나라 경제든 가정 경제든 이제 여성들이 좌지우지하는 시대가 되었다는 얘기다. 여성의 경제활동 참여를 늘림으로써, 소득과 소비를 늘리고 경기회복과 저성장 탈출에 기여하자는 얘기다. '여성경제womenomics, 위미노믹스'를 키우자는 것이다. '여성경제'의 성공 사례는 스웨덴, 핀란드 등 북유럽 복지국가들이다. 여성의 경제활동 참가율이 매우 높고 남성과 별 차이가 나지 않는다. 결혼, 임신, 출산, 육아 등에 따른 여성의 경력단절 현상도 보이지 않는다. 여성의 정치 참여도 활발하여 여성 국회의원 비율이 스웨덴은 44%, 핀란드는 42%에 달한다. 여성 장관의 비율은 핀란드가 63%, 스웨덴이 52%다. 핀란드는 여성 대통령을 배출한 바 있다. 이와 같은 여성의 활발한 사회 참여는 높은 출산율로 이어졌다. 과거에는 맞벌이 여성의 출산율이 낮았지만 요즘은 그렇지 않다. 출산과 보육을 뒷받침하는 사회적 인프라가 갖춰지고 일-가정 양립에 관한 국민들의 인식도 바뀐 까닭에 맞벌이 여성의 출산율은 높은 편이다. 게다가 이 나라들은 경제성장률도 높다.

　이 같은 성공 사례는 북유럽에만 있는 것이 아니다. 아프리카에도 있다. 아프리카의 르완다는 여성 국회의원 비율이 64%로 세계에서 가장 높다. 여성 장관의 비율은 35%에 달한다. 세계경제포럼WEF이 발표한 2015년 성性 격차隔差지수GGI를 보면, 우리나라는 145개국 중 115위에 불과했는데 르완다는 6위였다. 구매력평가PPP 기준으로 1인당 GDP가 1,800달러 정도에 불과한 저개발국가에서 어떻게 이런 일이 가능할까?

첫 번째 이유는 1994년 후투족과 투치족 간의 인종갈등에 따른 '제노사이드genocide', 즉 100일 동안 인구의 3분의 1에 해당하는 100만 명이 숨진 '대학살'로 거슬러 올라간다. 이에 대한 반성으로 르완다국제전범재판소ICTR는 1998년 성폭행을 전쟁범죄이자 반인도범죄로 선언했다. 2003년에는 국회의원, 장관, 공무원, 법관 등의 공직에 여성의 채용을 30% 이상 의무화하는 헌법이 제정되었다. 제노사이드 이후 여성이 전체 국민의 70%가량이었다는 점도 '30% 여성할당제'의 토대가 되었다. 그 결과 현재 르완다 국회의원의 64%, 장관의 35%, 법관의 40%가 여성이다. 여성들의 지옥이었던 이 나라는 이제 성평등 수준이 세계에서 가장 높은 나라로 변신했다.

물론 이러한 상황이 얼마나 지속될지는 더 지켜봐야 한다. 르완다의 '여성경제' 모델은 아직 열세 살의 미성년에 불과하다. 하지만 경제성장률이 뒷받침되면서 르완다의 미래는 밝다. 주변국으로 피신하고 망명했던 국민들이 르완다로 돌아오고 있다.

우리나라도 지난 20대 국회의원 선거에서 여성 국회의원이 17%가량 당선된 바 있다. 세계평균 22.3%에 못 미치는 수준이다. 과거 1대부터 15대까지의 총선에서 당선된 여성 국회의원의 비율은 0%와 1%를 오락가락했다. 그러다가 지난 2000년 16대 총선부터 가파르게 올라가기 시작하여 17%까지 도달했다. 이것 역시 비례대표의 50%를 여성에 할당한 정책에 힘입은 바 크다. 지역구에 출마하는 여성 후보자들에게 가점을 주고, 여성 후보자를 위한 전략공천 지역을 선정하는 등의 특별한 노력을 했기에 가능했다.

이처럼 남성 중심의 정치와 경제를 그냥 내버려두면 사회적 네트워크가 부족하고 가사에 더 많은 시간을 쓰고 있는 여성들이 정치와 경제활동에 참여하기 어렵다. 우리나라도 성평등 순위 115위에 불과한 '나쁜 균형'이 지속될 수밖에 없다. 북유럽 국가들처럼 남녀 간 성차별이 사라진 '좋은 균형'으로 이동해가기 위해서는 르완다와 같은 파격적인 '여성할당' 조치들이 필요하다. 최소한 여성경제womenomics에 대한 연구라도 제대로 시작해야 할 것이다. 지속되고 있는 저성장에서 벗어날 수 있는 작은 돌파구가 될 것이다.

숫자가 말한다

1.21이라는 숫자가 하는 말에 주목해야 한다. 1.21은 대한민국 합계출산율이다. 홍콩, 싱가포르를 제외하면 세계 최저 수준이다. 여기서 합계출산율은 여성 1명이 15세에서 49세까지의 가임기간에 낳는 평균 자녀수를 말한다. 현재의 인구를 유지하려면 합계출산율이 2.1은 되어야 한다는데, 우리나라는 합계출산율이 그 절반 정도에 불과하여 조만간 인구가 감소한다고 걱정이다. 인구만 줄어드는 게 아니라 25세에서 49세까지의 핵심 생산가능인구가

줄어드는 게 더 문제다. 이게 왜 중요하냐면 우리 경제의 생산성과 관련되어 있기 때문이다. 경제가 빠르게 성장하기 위해서는 청년층 인구의 비율이 높아야 한다.

1.21이라는 숫자가 경제적으로만 중요한 것은 아니다. 사회 전반적으로 영향을 미친다. 서울대 보건대학원 조영태 교수의 추계에 따르면, 현재의 저출산 상태가 지속될 경우 2034년경에는 우리나라 대학 179곳 중 71곳은 문을 닫아야 한다. 대입 수험생이 2014년 66만여 명에서 2034년에는 39만여 명으로 감소하고, 대학의 평균 충원율도 87%에서 52%로 감소하기 때문이다. 초등학교 선생님의 숫자도 3만 8,000여 명이나 줄어야 한다.

물론 우리도 출산율이 높았던 시절이 있었다. 베이비붐이 일었던 1960년엔 합계출산율이 6.0이나 되었으나 1983년에 2.1로 급락한 후 현재 1.21까지 내려왔다. 문제는 지난 10년 동안 저출산·고령화 대책을 수립하여 정책 역량을 집중했음에도 불구하고 출산율이 오르지 않는다는 점이다.

그렇다고 포기할 수는 없다. 성공 사례도 많다. 프랑스는 1995년 출산율이 1.65까지 하락하자 국가 차원의 저출산 대책을 시행했고 가족수당 확대 지급, 육아휴직 활성화, 미혼모 대책 등을 통해 2012년 현재 2.01로 선진국 중에서도 상당히 높은 편에 속한다. 스웨덴도 출산율이 1995년에 1.5까지 하락했지만 부모휴가제도의 도입 등 남성의 육아책임을 강조하는 방향으로 정책을 추진하면서 출산율이 반등하여 2014년 기준 1.91까지로 올라왔다.

국내에도 성공 사례는 있다. 2014년 기준 해남군은 합계출산율이 2.43으로 전국 최고다. 전남지역 평균보다 2배가량 높다[2010년 1.66, 2011년 1.52, 2012년 2.47, 2013년 2.34]. 서울시의 0.98에 비하면 2배 이상이다. 대부분의 시골에서 겪는 저출산 고령화와 그로 인한 인구 감소의 문제에 지자체가 적극 대응한 결과다. 비법이 있었던 것은 아니다. 아이 낳는 것을 자랑스러운 일로 축하해주고, 공동체가 함께 키워간다는 분위기를 만들어줬다. 물론 해남군에도 자녀양육수당은 있다. 첫째 300만 원, 둘째 350만 원, 셋째 600만 원을 지급하고 있다. 하지만 요즘 세상에 돈 준다고 애 낳겠다는 젊은이들은 많지 않다. 아이를 낳으면 지역신문에서 축하 광고를 해준다. 이름도 지어준다. 소고기와 미역을 보내준다. 예방접종도 무료로 해준다. 공공 산후조리원을 만들어서 산모가 마음 편하게 회복할 수 있게 도와준다. 돈이 문제가 아니라 아이를 낳는 것이 중요하고 축복받을 일이며 마을 전체가 함께 키워간다는 분위기를 조성해준 것이 성공 요인이다.

그런데 왜 서울은 0.98일까? 1982년에 2.05, 1998년에 1.26, 2007년에 1.06, 2014년에 0.98로 하락 추세가 멈추지 않고 있다. 해남은 숫자가 올라가는데 서울은 숫자가 계속 낮은 상태에 머무르는 이유가 뭘까? 물론 서울만 낮은 것은 아니다. 부산, 대구, 광주, 인천 등 대도시 역시 전국 평균[1.21]에 못 미치고 있다. 그만큼 대도시에서 아이를 키우는 것이 훨씬 더 어렵다고 할 수 있다. 집값이 비싸다 보니 주택마련이 어렵고, 그러다 보니 결혼이 늦어지고, 아이를 낳는 것이 늦어지고, 그러다 보면 둘째 낳을 시기를 놓치기 일쑤다. 그보다 더 문제가 되는 것이 청년들의 일자리 문제다. 안정적인 직장을 구하기 어려우니 결혼과 출산이 늦어지게 되고 이 역시 저출산으로 연결되는 것이다.

그 밖에도 문제는 많다. 장시간 근로에 시달리고, 남성의 가사분담이 어려운 것도 큰 문제다. 2015년에 발표된 자료를 보면 한국 남성의 육아 참여 시간은 하루에 6분에 불과했고, OECD 30개국 중 30위였다. 통계청의 발표에 따르면 우리나라 여성의 가사 노동 시간은 남성의 5배에 달했다. 정부 정책 혼자서 모든 사회문제가 중첩된 저출산 문제를 다 해결할 수는 없다. 가정에서는 남편과 아내가 합심해야 하고, 기업에서는 직원들의 일-가정 양립을 도와줘야 한다. 사회적으로는 부담 없는 자녀양육이 가능하도록 여건을 조성해야 한다. 집값도 안정시키고, 청년 일자리도 만들어야 한다. 이런 모든 노력이 종합적으로 이루어져야 저출산 문제가 풀릴 수 있다. 1.21이라는 숫자는 우리 사회에서 아이를 낳고 키우기 힘들다는 것을 보여주고 있다. 이 숫자가 말하는 의미를 무겁게 받아들여야 한다. 사교육시장, 초등학교 선생님, 대학교수, 기업, 정부 모두가 아이들의 출산율 숫자에 주목해야 한다.

안전규제는 더 깐깐해져야

'416'과 '304'라는 숫자는 당분간 우리 가슴 속에 오래 남아 있을 것이다. 첫 번째 숫자는 세월호가 침몰한 날이고, 두 번째 숫자는 실종자를 포함한 희생자들의 숫자이다. 초대형 인명참사가 일어난 후 벌써 2년 이상 지났다. 세월호는 우리에게 여러 가지 반성과 성찰의 질문을 던졌다. 국가란 무엇인가? 누구를 위한 정부인가? 대한민국은 과연 선진국 문턱에 도달한 OECD 회원국이 맞는가? 사회시스템과 국가시스템은 왜 경제발전 수준에 못 미치는가? 세월호 침몰의 원인으로 여러 가지가 거론되고 있지만, 여기서는 '규제'와 관련된 얘기만 해보기로 하자.

지난 이명박 정부 당시 연안여객선의 안전과 관련된 여러 규제들이 완화되었고, 이것이 세월호 침몰의 단초가 되었다고 한다. 해양사고 건수의 추이를 보면 2009년을 계기로 그 이전에 비해 크게 증가했다는 점이 이를 뒷받침해준다. 해양경찰청의 자료에 따르면, 2001년부터 2008년까지 8년 동안 연평균 770건에 불과했던 선박기준 해양사고의 건수가 2009년부터 2012년까지 4년 동안 연평균 1,732건으로 2배 이상 크게 증가했던 것이다. 이처럼 급증한 사고의 배경에는 뭐가 있을까? 2009년부터 '선박안전법', '해운법시행규칙', '여객선안전관리지침' 등이 개정되면서 노후 선박들이 늘어났고, 안전 관련 규정들을 지키는 데 소홀해졌고, 그것이 해양

사고의 급증으로 연결되었으며, 급기야는 2014년 4월 16일의 대형 참사로 이어졌던 것이다.

흔히 규제는 완화되고 철폐되어야 하는 것으로 알려져 있지만, 안전이나 생명과 관련된 규제는 예외적으로 더 깐깐하게 운영되어야 한다. 지난 이명박 정부에서는 '전봇대'를 뽑겠다면서 꼭 필요한 규제까지 '전봇대'에 포함시켜서 뽑아버림으로써, 국민들의 생명과 안전을 위협하는 오류를 저질렀던 것이다. 규제 중에는 나쁜 규제, 불합리한 규제만 있는 게 아니라, 좋은 규제, 꼭 필요한 규제도 많다는 점을 세월호 참사가 증명해주고 있다. 또 다른 예를 들면, 국민 건강과 식품 위생을 지키기 위해 유통기한과 원산지, 성분 등을 제대로 표시하도록 하는 규제, 학생들의 안전과 교통사고 예방을 위해 스쿨존에서 속도를 낮추도록 하는 규제 등도 바로 더 깐깐하게 지켜야 할 규제라고 할 수 있다.

나쁜 규제든 좋은 규제든 모두 나름의 존재 이유가 있다. 처음엔 좋은 규제였지만, 시대가 바뀌고 규제 환경이 변화하면서 몸에 맞지 않는 나쁜 규제로 전락하는 경우도 있다. 그런 까닭에 주기적으로 '전봇대 뽑기'가 필요하다. 그렇다면, 과연 지난 이명박 정부에서 '전봇대'가 많이 없어졌을까? 규제는 양적으로 감소했을까? 그렇지 않다. 오히려 더 늘었다. MB 정부가 출범한 2008년 초에 1만 1,000여 건이었던 등록규제는 5년이 지난 2012년 말에 1만 5,000여 건으로 증가했다. '악마는 디테일에 있다'는 말이 있듯이,

규제의 내용과 질은 어땠을까? MB 정부 5년간 강화된 규제가 완화된 규제보다 더 많았다. 전체적인 규제 강도는 2008년을 100이라고 할 때 2012년 138로 증가했다. 최근 우리 정부는 영국의 규제총량제를 벤치마킹하여 규제비용총량제를 도입하는 등 새로운 규제개혁 방안을 도입하겠다고 발표한 바 있다. 규제총량의 관리도 중요하지만, 그보다 더 중요한 것은 규제의 품질을 관리하는 것이다. '현저히', '상당히' 같은 애매모호한 표현은 공무원의 재량권을 늘려줄 뿐이다. 사전 규제보다는 사후 규제를, 가격 규제보다는 품질 규제를, 진입 규제보다는 거래 규제를 더 장려하는 식으로 규제의 품질을 높여가는 것, '더 좋은 규제'로 바꿔가는 것이 필요하다.

공동주택에 공동체가 없다

우리는 너무 가까이 살면서 너무 멀리 살고 있다. 우리나라 주거형태의 대세는 공동주택이다. 1962년 마포에 5층짜리 주공아파트 단지가 들어선 이후 아파트 공화국이라고 불릴 정도로 국민들의 아파트 사랑은 대단하다. 2014년 기준 우리나라 주택 가운데 아파트의 비중은 50%에 달하며 연립주택과 다세대주택까지 포함하는 공동주택의 비중은 60%에 이른다. 그런데 공동주택에 공동체가 없다. 여러 가구들이 하나의 건물에 모여 함께 살고 있긴 하지만, 소위 믿고 의지할 수 있는 이웃이 없다는 얘기다. 라면박스를 겹쳐 포개놓은 듯한 철근콘크리트 구조물 속에 적게는 수십 명에서 많게는 수백 명이 모여 살지만 서로 다른 꿈을 꾸고 있는 '동상이몽'의 모습이다.

2015년 6월 초 경제협력개발기구OECD가 발표한 '2015년 삶의 질 지수Better Life Index'에 따르면, 주거, 소득, 환경, 삶의 만족도, 건강 등 11개 부문을 평가한 이번 조사에서 한국은 36개국 중 27위를 차지했다. 특히 사회적 연계Social Connections 항목의 순위가 낮았다. 이 항목은 "어려움에 부닥쳤을 때 도움을 요청할 수 있는 친척, 친구 또는 이웃이 있나요?"라는 질문에 "예"라고 답한 사람의 비율로 계산하는데, 한국인은 72%로, OECD 평균 88%보다 크게 낮았다. 우리 사회가 급속한 가족 해체와 고령화로 인해 구성원 개개인이 고립되어 있음을 반영한다. 이웃에 대한 배려나 관심이 크게 부족하다는 것이다. 우리는 한때 대가족제도, 두레, 향약, 계와 같은 공동체의 미덕을 자랑한 적이 있다. 서구의 팽배한 개인주의와 부족한 공동체 의식을 비판했다. 하지만 지금 우리 사회야말로 개인주의가 팽배하고 공동체 의식은 부족하다고 비판받아야 할 처지에 놓여 있다.

우리는 어떤 구조의 주택을 설계해야 하고, 어떤 도시에 살아야 지금보다 더 행복해질 수 있을까? 공동체를 살릴 수 있는 주택과 도시의 디자인은 어떻게 해야 하나? 찰스 몽고메리가 쓴 책《우리는 도시에서 행복한가?》는 바로 이런 질문에 대한 해답을 제시하고 있다. 그는 행복한 도시를 위해 필요한 여러 요소 가운데 첫 번째로 '이웃과의 적당한 거리'를 강조하고 있다. 이웃과의 거리는 너무 가깝지도 너무 멀지도 않아야 한다는 것이다. 뉴욕 주 스토니 부룩의 대학 기숙사에서 실험을 해본 결과 '복도식 아파트'보다는 '계단식 아파트'에 사는 학생들이 훨씬 더 사교적이고 만족도가 높았다고 한다. 프라이버시를 보호할 수 있었던 계단식 아파트의 학생들이 다른 학생들에 대한 관심도 높았고 공동체 활동에 적극적이었다고 한다. 그렇다면, 우리는 공동주택에서 이웃들과 너무 가까이 살고 있다는 것인가?

그가 강조하는 두 번째 요소는 시민들의 참여와 협동을 유인하는 도시 디자인이다. 그리스 아테네의 생명력은 도시 한복판에 위치한 개방형 '아고라'에 시민들이 적극적으로 참여한 것에서 출발한다. 하드웨어로서의 아고라뿐만 아니라 아테네 시민들의 참여와 협동을 유인해냄으로써 아고라를 작동하게 만든 도시 디자인과 소프트웨어가 중요하다.

셋째, 저자는 자연과 녹지, 자전거와 대중교통의 중요성을 강조하고 있다. 서울시의 청계천 복원은 도심 한복판에서 자연을 체험할 수 있도록 해줬고 서울시민들의 행복감을 높였다. 인구 800만의 복잡하고 문제 많았던 콜롬비아의 수도 보고타 시市를 행복한 도시로 바꿔놓은 '페날로사' 시장은 자동차 없는 도로 '시클로비아'를 도입했고 교통의 평등을 구현했다.

공동체 없는 공동주택에 몰려 사는 우리들이 공동체가 살아 숨 쉬는 공동주택을 만들기 위해 무엇을 어떻게 바꿔야 할까? 친구, 가족, 낯선 사람과 의미 있는 유대 관계를 맺고 강화하기 위해서는 어떤 노력이 필요한가? 이제부터라도 우리는 공감과 협동의 도시를 디자인하고 시민들의 참여를 이끌어낼 수 있을까? 과연 우리는 삭막한 도심에 앙증맞은 쌈지공원을 늘리기 위해 투자하고 세금을 더 낼 준비가 되어 있는가?

인구보다 많아진 휴대폰

휴대폰 때문에 행복한가? 지하철에서 휴대폰 보면서 실없이 웃는 사람들이 많다. 카톡하면서 웹툰이나 드라마 보면서 즐거워하니 다행이다. 출퇴근 시간에 휴대폰 보면서 잠시라도 행복하다면 얼마나 다행인가?

휴대폰이 고맙다. 휴대폰 때문에 사무실 책상에 얽매이지 않게 되었다는 점에서 그렇다. 책상 앞에 앉아 있기보다는 밖으로 돌아다니면서 사람도 만나고 계절의 변화를 살필 수 있어서 좋다. 사무실 전화를 휴대폰으로 착신전환해놓고, 휴대폰으로 이메일 체크도 할 수 있으니 장소에 구애받지 않게 되어서 '디지털 노마드',

'디지털 유목민'이 된 기분이다.

물론 휴대폰이 얄미울 때도 많다. 시도 때도 없이 들어오는 문자와 카톡은 휴식시간을 따로 구별할 수 없게 만들어놓았다. 근무시간 이외에는 업무용 메일이나 문자나 카톡을 금지하는 법을 만들겠다는 국회의원도 있을 정도로 귀찮다. 휴대폰이 업무의 생산성을 올린 것 같지만, 반대로 집중력을 떨어뜨리고 생산성을 하락시키는 요인이 되기도 한다. 그리고 휴대폰이 없으면 불안해서 못살겠다는 사람들이 많다.

그런 휴대폰이 인구보다 많아졌다. 2012년 말 기준 휴대폰 가입자 수는 5,363만 명에 달한다. 유치원 꼬마들도 들고 다닌다. 1주일에 1시간이라도 돈을 벌기 위해 일한 사람을 취업자라고 하는데, 2,500만 명 정도 되는 취업자의 2배가 넘고, 갓난아기를 포함한 2012년의 인구 5,021만 명보다 더 많다.

휴대폰이 처음 우리나라에서 선을 보인 것은 1984년경이다. 32년 전이다. 1984년에는 한국이동통신이라는 공기업이 차량용 이동전화 서비스를 시작했는데, 한국통신의 자회사였고, 이때 가입자 수는 2,658명에 불과했다. 이 당시 휴대폰을 만든 회사는 삼성전자나 엘지전자 등 국내 회사가 아니라 모토롤라라는 미국 회사였다. 그 당시에는 들고 다니면서 전화를 하는 것이 아니라 자동차 안에서 전화를 하는 것이었다. 그래서 카폰이라고 불렀는데, 고급 자동차에 장착되어 있었고, 크기는 벽돌만하다고 해서 벽돌폰이라고도 불렸다.

　1980년대와 90년대 초까지만 해도 이동전화 가입자 수는 완만하게 증가했는데, 1996년도에 016, 018, 019 번호를 사용하는 통신회사가 3개 더 시장에 진입하면서 서비스 경쟁과 가입자 유치 경쟁이 치열해지고, 휴대폰 가입자도 폭발적으로 증가하기 시작했다. 1997년에 500만, 1998년에 1,000만, 1999년에 2,000만, 2002년에 3,000만, 2006년에 4,000만, 그리고 드디어 2010년에 5,000만 명을 넘어섰다. 이처럼 시장을 키우는 시의적절한 경쟁정책은 기업과 국민 그리고 나라경제 모두에게 긍정적인 효과를 가져다주었다. 정부가 펼친 경쟁 활성화 정책의 대표적인 성공 사례라고 평가할 수 있다.

　1984년에 처음 휴대폰이 나왔을 때는 3,000명도 안 되는 소수의 부자들만을 위한 폰이었다. 그런데 요즘은 유치원 아이들도 들고 다니고, 산골의 할머니 할아버지들도 들고 다닐 정도로 널리 퍼졌다. 휴대폰이 이처럼 짧은 시간에 대중화될 수 있었던 배경은 뭘까? 휴대폰 대중화는 크게 2가지 측면에서 가능했는데, 휴대폰 가격이 싸진 것과 국민들의 소득수준이 크게 향상된 것을 들 수 있다.

　먼저, 1984년에는 휴대폰 가격만 331만 원이었지만, 지금은 컴퓨터와 맞먹는 성능의 스마트폰이 100만 원 안팎이고, 보급형 스마트폰은 훨씬 저렴하다. 그냥 전화만 되는 구형 핸드폰은 10

만 원 안팎으로도 살 수 있다. 그만큼 선택의 폭도 많이 넓어졌다. 그리고 국민소득이 크게 증가한 것도 휴대폰 대중화에 기여했다. 1984년에 1인당 국민소득이 185만 원 정도였다면, 2012년에는 1인당 국민소득이 2,500만 원 정도로 크게 올라섰으니까 국민 누구나 휴대폰을 큰 부담 없이 구입할 수 있게 된 것이다.

그리고 휴대폰이 똑똑해졌다. 처음에는 전화하고 문자만 주고받던 휴대폰이 이제는 웬만한 컴퓨터처럼 스마트해졌다. 인터넷 접속해서 검색하고, 신문 보고, 이메일 체크하고, 은행 계좌로 송금하고, 주식 거래하고, 고속버스나 기차표 예매하고, 온라인 쇼핑몰에서 웬만한 물건도 다 살 수 있다. 게임도 하고, 카톡으로 실시간 문자를 주고받고, 정류장에서 버스 앱을 켜면 집으로 가는 버스가 언제 도착하는지 알 수 있다. 손 안에 있으니까 책상 위에 있는 컴퓨터보다 더 편리하다. 이처럼 똑똑해진 스마트폰의 기능 자체가 휴대폰 가입자를 늘리는 데 기여했고, 가입자가 폭발적으로 늘어나니까 다시 휴대폰에 다양한 기능이 추가되는 등 서로 선순환 효과를 발휘했다.

휴대폰에 밀려서 요즘은 유선전화가 천대를 받고 있지만, 70년 전 해방 당시에는 전화가 귀했다. 1960년대에는 유선전화 가입률이 0.3%에 불과했다. 1,000명 중 3명 정도만 전화가 있었다. 당시 우유 빛깔의 백색전화는 고급스런 명품 가구처럼 애지중지했고, 전화를 설치하는 것만 몇 달씩 걸렸고, 전화 채권을 사는 등 프리미엄을 지불해야 했다. 그러던 시절을 지나 요즘은 비싼 휴대전화의 숫자가 인구보다 더 많아졌다고 하니 참으로 격세지감이다. 살기가 많이 좋아진 것이다.

이처럼 최첨단 통신수단으로 온 국민이 행복해하고 있지만, 다른 한편으로 우리나라의 자살률, 특히 노인 자살률은 세계 최고 수준으로 높다. 통신수단이 손 안에 있으면서도 외로운 사람들, 희망을 잃어버린 사람들이 많다는 것이다. 큰 걱정거리다. 많고 편리해진 휴대폰으로 하루 한 번씩 부모님께 안부전화를 드린다면 우리 사회가 좀 더 살만해지지 않을까?

휴대폰과 컴퓨터가 개인마다 집집마다 다 구비되어 있고, 유선 인터넷과 모바일 인터넷으로 다 연결되어 있는데, 굳이 회사에서만 일할 필요가 있을까? 아이가 아프면 집에서 재택근무를 할 수 있고, 출퇴근 시간도 개인별 형편에 따라 자유로워진다면 업무에 대한 집중도가 올라가고 생산성도 더 올라갈 것이다. 자녀를 유치원이나 초등학교에 데려다주고 출근하는 것이 눈치 보이지 않도록 해준다면 애사심과 로열티가 더 강해질 것이다. 편리해지고 스마트해진 휴대폰을 우리들의 근무 환경과 문화가 못 따라가고 있어서 많이 아쉽다. 휴대폰과 모바일 인터넷 덕분에 사람들이 더 행복해지고, 삶의 질이 더 높아졌으면 좋겠다.

기업하기 좋았던 정부

우리 집 거실에는 TV가 없다. 거실 소파에 드러누워 TV 보는 꼴을 못 보겠다는 마누라 등쌀 때문이다. 그런 연유로 장모님 방으로 쫓겨난 TV가 요즘 인기다. 모 채널의 8시 뉴스를 보겠다면서 설거지를 하는 와중에도 "TV좀 켜봐"라고 부탁(?)한다. 이게 다 최순실 때문이다. 남자들의 모든 분노에 더해서 여자들의 질투심까지 추가되었으니, 필자보다 뉴스를 향한 열망과 그 열망을 뒷받침하는 분노가 더 크다. 이런 남녀들이 지난 토요일 광화문 광장에 대거 모였다. 전국의 주요 도시에서도 분노가 끓어 넘치고 있다.

신문이나 방송에서 거론하고 있는 각종 월권이나 국정 농단에 대해 드디어 검찰이 수사를 벌이고 있다. 국회에서도 별도 특검을 벼르고 있으니 머지않아 시시비비가 가려질 것으로 기대한다. 그 가운데서 필자가 주목하는 부분은 전경련을 통한 모금활동이다. 말이 모금활동이지 사실은 기업들 괴롭히기다. 30년 전이나 지금이나 달라진 것이 없다. 우리나라 역사가, 민주주의가, 언론의 자유가 후퇴하고 있다는 지적이 많다. 기업들이 출연금을 내는 의사결정의 방식이 30년 전으로 후퇴하고 있다는 느낌이 들어서 참으로 유감이다.

전두환 정부 시절에는 음성적으로 비자금을 조성한 것만 9,000억 원 정도라고 한다. 노태우 정부 시절에는 규모가 조금 작아져서 5,000억 원 정도를 비자금으로 수금해갔는데, 나중에 탈이 나자 "통치자금은 잘못된 것이지만, 우리 정치의 오랜 관행이었다"고 둘러댔다. 이명박 정부 시절에는 기업들이 동반성장기금에 7,000억 원 이상을 출연했고, 미소금융재단에는 10년간 2조 원을 출연하기로 했다. 과거의 정부가 이런 식이었으니, 현 정부의 높으신 분들도 별 거리낌 없이 이런저런 재단을 만들어서 기업들의 출연을 자의반 타의반 이끌어냈을 것이다. 지금 논란이 되고 있는 스포츠산업 진흥 명목의 재단은 물론 청년창업 지원, 창조경제 혁신센터 지원 등은 기업들의 출연이 아니라 정부 예산으로 수행해야 할 사업들이다. 그렇게 위세가 당당하신 분들이라면 굳이 기업들의 재단 출연에 의존하지 않고서라도 정부 예산을 배정받아서 원하는 사업을 진행했을 것이다.

그런데 왜 기업들의 팔을 비틀었을까? 첫째, 정부 예산은 들여다보는 눈이 많다. 각 부처의 감사관실은 허수아비라고 하더라도 감사원 감사, 국정 감사는 그냥 건너뛰기가 어렵다. 둘째, 정부 예산은 오래 지속된다는 보장이 없다. '권불10년 화무10일홍'이라는 옛말이 있지만, 요즘은 10년은커녕 5년도 권력을 누리기가 어렵다는 속성을 잘 알고 있었기 때문에, 예산보다는 재단을 선호했을 것이다. 재단은 한 번 출연금을 받아놓으면 오랫동안 지속되는 '법인'이기 때문이다. 마지막으로 재단의 또 다른 장점은 낙하산 일자리를 손쉽게 만들 수 있다는 점이다. 요즘 청년들이 그렇게 애

타게 원하는 '일자리'를 말이다.

요즘 보도되고 있는 각종 언론의 기사에 따르면, 전경련을 동원해서 재단 출연금을 걷지 않았던 정부는 참여정부가 유일하다. 공직생활을 30년가량 했고, 청와대 경제수석으로도 근무했던 분의 얘기를 들어봐도 그렇다. 참여정부는 참 특이한 정부다. 대기업의 출연금을 받지 않음으로써 대기업 스스로 긴장하게 만들었다. 과거엔 부엌에서 남몰래 괴롭히던 시어머니가 갑자기 '살림 잘하라'고 기본에 충실한 말씀을 하니 한편으론 불편하기도 했을 것이다. 하지만 말로만 기업하기 좋은 정부라면서 남몰래 괴롭히는 정부보다는 나았을 것이다. 뒤로 요구하거나 타협하지 않는 정부야말로 어렵기는 하지만 진정으로 기업을 위하는 정부, 기업하기 좋은 정부 아닐까?

다른 한편으로, 재단 출연금을 마지못해 제공했던 대기업들은 그러면 순수한 피해자일까? 대기업은 왜 권력기관의 음성적인 준조세 요구를 거부하지 못했을까? 공정거래법을 준수하고 투명한 경영을 실천하고, 세금을 제대로 내고, 사회적 책임을 다했다면 무엇이 두려울 게 있을까? 지속가능한 경영을 위해 지배구조와 승계구조를 튼튼하고 건강하고 체계적으로 구축해놨다면 이런 뒤탈도 없었을 것이다. 대기업이든 중소기업이든 현재 우리나라의 문제점은 투명하지 못하다는 것이다. 법과 원칙을 제대로 지켜서 '털어도 먼지 안 나는 기업'을 만들어야 한다.

형식적으로는 민간기업이지만, 정권만 바뀌면 낙하산 CEO가 내려오는 포스코와 KT 같은 회색지대의 기업들은 또 어떤 식으로 지배구조를 바꿔나가야 할 것인가? '기업하기 좋은 정부'가 되어야 할 2018년의 차기 정부가 해야 할 일이 태산같이 많다.

라 과르디아 이야기

뉴욕의 '라 과르디아' 공항을 아는 사람은 제법 있겠지만 '피오렐로 라 과르디아Fiorello H. La Guardia, 1882-1947' 뉴욕시장을 아는 사람은 많지 않다. 케네디JFK 공항이 미국의 관문 역할을 하는 세계적으로 유명한 국제공항이라면, '라 과르디아 공항LGA'은 우리의 김포공항처럼 국내선 전용공항이다. 그가 얼마나 많은 사랑을 받았기에 국내선 공항에 그의 이름을 붙였을까?

피오렐로 라 과르디아는 이탈리아 이민자의 아들이다. 이탈리아어로 피오렐로는 '작은 꽃'이다. 그의 키는 채 160이 되지 않았지만 1차 세계대전에 참전할 정도로 용감했다. 그는 공화당 정치인이었지만 대공황 시절 민주당 루스벨트 대통령의 뉴딜 정책을 지지했다. 정당은 달랐지만 루스벨트와의 연정과 협치를 통해 뉴욕시 경제를 다시 회복시키는 데 성공했다. 대중교통을 통합하고 공공임대 주택을 공급했으며, 고속도로, 다리, 터널, 공항을 건설하고 시민을 위한 공원과 놀이시설도 확충했다. 집안 배경과 연줄을 통한 공무원 채용에서 벗어나 능력에 따른 채용과 인사를 정착시킴으로써 행정에 대한 신뢰를 회복했다. 그 결과 그 어려운 대공황 시절에 뉴욕시장을 3번이나 역임(1934-1945)했다.

대공황을 극복했던 훌륭한 뉴욕시장으로 사람들의 뇌리에 남아 있기도 하지만, 그는 감동적인 판결을 남긴 것으로도 유명하다. 그는 뉴욕대학 법대를 졸업한 변호사이기도 했다. 대공황으로 실업자가 급증했던 1935년 겨울 그는 즉결사건을 다루는 야간법정의 1일 판사로 봉사하고 있었다. 잠시 후 한 할머니가 절도혐의로 법정에 끌려왔다. 빵 한 덩이를 훔친 혐의로 기소되었다. 라 과르디아 시장이 그 노인에게 물었다. "전에도 빵을 훔친 적이 있습니까?" "아닙니다. 처음입니다." "왜 그런 일을 했습니까?" "죄송합니다, 판사님. 최근 직장을 잃었고 집에는 버림받은 딸과 두 손녀가 같이 살고 있습니다. 저도 모르게 이런 일을 저지르고 말았습니다." 판사는 잠시 후 판결을 내렸다. "아무리 사정이 딱해도 남의 것을 훔치는 것은 절도행위입니다. 법은 만인에게 평등합니다. 그래서 저는 이 노인에게 10달러의 벌금 또는 10일의 구류를 선고하는 바입니다."

라 과르디아 시장의 관용을 바랐던 장내는 술렁거렸다. 그가 말을 이어갔다. "그러나 이 노인의 절도행위는 이 노인만의 잘못이 아닌, 이 도시에 살고 있는 우리 모두의 책임이기도 합니다.

따라서 이 판결을 맡은 저 자신에게도 10달러의 벌금을 부과합니다. 그리고 여기 있는 우리 모두도 50센트씩, 가능하다면 십시일반으로 이 벌금형에 동참해주시기 바랍니다." 판사의 판결에 이의를 제기하는 사람은 아무도 없었다. 판사는 자기 앞에 놓인 모자에 10달러를 넣은 다음 그 모자를 방청석으로 돌렸다. 잠시 후 판사는 거두어들인 돈에서 노인의 벌금 10달러를 빼고 남은 돈 47달러 50센트를 노인의 손에 쥐어 주었다. 47달러 50센트를 쥐고 법정을 떠나는 할머니의 눈에서는 눈물방울이 계속 흘러내렸고, 그 모습을 지켜보던 사람들은 기립박수로 그 노인을 격려했다.

2017년 현재 경제도 어수선하고 정치도 흉흉하다. 공과 사를 구분하지 못하는 정치에 실망하고, 일자리를 만들어내지 못하는 경제에 절망한 젊은이들의 목소리가 광화문 광장을 가득 메우고 있다. 30년 전으로 후퇴해버린 대한민국을 바로 세우려는 5060 기성세대들 역시 광장으로 무거운 발걸음을 옮기고 있다. '니 탓이오'라는 목소리가 크다. 하지만 라 과르디아 시장의 판결처럼, '내 탓이오', '우리 모두의 책임이오'라고 말하는 사람들도 있어야 한다. 도시공동체와 국가공동체의 한 사람 한 사람에게도 도시와 국가의 문제를 발생시킨 책임이 작지 않다.

물론, 양비론이 문제의 초점을 흐릴 수 있고, 온정주의의 폐해를 모르는 바 아니다. 하지만, 2016년 11월과 12월 광장을 가득 메웠던 수백만의 촛불이 한 단계 더 승화되어야 한다. 라 과르디아가 연정과 협치를 통해 일자리를 만들고 대공황을 극복했던 것처럼, 우리 정치인들도 일자리 창출과 저성장 극복을 위해 힘을 모아야 한다. 각자의 자리에서 자기 책임을 다하고, 공익을 생각하면서 사익을 양보할 줄 아는 건전한 시민들로 거듭나야 한다. "시민은 자신의 고유한 자유를 중시하면서(즉, 사익에 충실하면서) 자제와 양보를 통해 공익에 기여하는 존재"(송호근, '나는 시민인가', 2015)라는 말을 되새기면서 말이다.

제4장
'행복한 경제'를 만든 나라들

"행복한 미래의 해답은 인간다운 경제에 있다."
– 요하네스 발라허, '경제학이 깔고 앉은 행복', 2011 –

여기서 소개하는 세 나라는 모두 북유럽 국가들이다. 덴마크는 행복순위 1위를 거의 놓치지 않고 있으며, 스웨덴과 핀란드도 상위권에 항상 랭크되어 있다. 이들은 소위 복지국가다. 정부 예산 가운데 복지 지출 예산의 비중이 높고, 복지 지출의 GDP 대비 비중도 높다. 그런데, 더 중요한 사실은 이들 세 나라가 모두 복지국가이면서 경제적 성과도 매우 높은 나라들이라는 점이다. 우리는 무상복지에 대해 '포퓰리즘'이라고도 하고 '퍼주기'라고도 하면서 비판하는 목소리가 높지만, 이 세 나라에서는 무상복지가 자연스럽다. 그만큼 세금을 많이 낸다. 조세부담률이 세계에서 가장 높은 나라들이다. 고부담, 고복지의 모델을 상당히 오랫동안 그리고 '지속가능하게' 이끌어오고 있다. 복지 지출이 많고 근로자들은 불안감이 없다 보니, 어려운 일에 과감하게 도전하고 창의적 아이디어를 제시하고 혁신적 경제시스템을 유지하게 된다. 결국 복지가 분배의 개선을 낳고, 소비 수요가 증가하고, 생산도 늘고 경제도 성장하는 선순환을 이룩하게 된다. 즉, 복지와 분배, 성장 3가지가 함께 시너지효과를 낳고 있는 나라들이다.

이 나라들은 원래 잘살았고 원래 행복했나? 아니다. 예를 들어 스웨덴은 19세기 후반 먹고살기 힘들어 미국으로 이민을 떠나는 사람들이 예테보리의 출국심사대 앞에 끝없이 줄을 섰다. 인구의 3분의 1이 이민[1]을 떠날 정도로 힘든 시절을 보냈다. 1930년대에는 노조의 파업이 가장 긴 나라 중 하나였으며, 군인들이 노동자들에게 발포하여 5명의 사상자가 발생할 정도로 심각했던 시절이 있었다. 핀란드는 700년 동안 스웨덴과 러시아의 식민지 시대를 거쳐 독립했고 좌우 내전을 겪었으며 1960년대 이후 급속한 경제발전을 이룩했다는 점에서 우리와 매우 흡사하다. 자원이 빈약하고 교육과 인적 자본에 의존하고 IT가 발달했다는 점도 유사하다.

우리나라도 북유럽 국가들처럼 복지국가를 만들고 복지-분배-성장이 선순환하는 경제를 만들 수 없을까? 가능하다. 앞에서 짧게 소개한 것처럼 이 나라들도 처음부터 선진국과 복지국가는 아니었다. 물론 북유럽 국가들과 우리나라는 역사와 전통이 다르

---

1 최연혁, '우리가 만나야 할 미래', 2012.

고, 제도와 문화가 다르다. 우리는 기업별 노조의 전통이 강하고 노조 조직률이 10%에도 못 미치는 데 반해 북유럽 국가들은 산업별 노조가 기본이고 노동자 간 연대의식도 강하며 노조 조직률도 과거에는 80% 이상 지금도 대부분 50%를 넘는다.

그럼에도 불구하고 사례연구를 통해 북유럽 국가를 배워야 한다. 세계화와 무역의 영향으로 대륙 간에 그리고 국가 간에 제도의 차이는 갈수록 줄어들고 있다. 그리고 웃음이나 행복은 전염성이 강하다. 행복한 국민들, 행복한 경제 모델을 자꾸 보고 배우고 연구하고 따라 하다 보면 나아지는 면이 있을 것이다. 공무원들을 워싱턴, 파리, 제네바 등에만 보낼 것이 아니라 스톡홀름, 헬싱키, 코펜하겐에도 보내서 우리나라에 적용 가능한 '복지국가 모델', '행복한 경제 모델'을 연구하고 개발하도록 격려할 필요가 있다.

덴마크:
'행복순위 1위'의 비결

해고도 쉽고 재취업도 쉽다

유엔이나 OECD의 국가별 행복순위 비교에서 덴마크가 매번 1위를 하는 이유가 뭘까? 여러 가지 이유가 있겠지만, 가장 자주 언급되는 것은 노동시장의 유연성과 안전성을 동시에 충족시키는 유연·안전성flexicurity 모델이다. 즉, 기업 입장에서는 해고가 쉽지만, 노동자 입장에서는 재취업이 보장되며 재취업까지 충분한 실업수당을 제공받는다. 예를 들어, 실업 이후 2년간 실업 이전 월급의 90%를 지급한다. 그러다 보니 덴마크 근로자들은 실업을 두려워하지 않는다. 여유 있게 쉬면서 새로운 일자리를 알아보거나, 쉬는 동안에 새로운 기술을 익힌다. 새로운 자격증을 취득해서 새로운 회사에 취직하는 데 큰 어려움이 없다.

행복감에 가장 영향을 미치는 것이 고용의 안정성이다. 그런데 기업이 평생고용을 책임질 수는 없다. 일본도 종신고용의 신화가 깨진 지 오래다. 세계화와 정보화의 큰 흐름 속에서 고용의 유연성은 계속 높아져왔다. 4차 산업혁명이 확산되면 일자리는 더 유연해지고, 더 개인화될 것이다. 결국 사회가 챙겨야 한다. 사회적으로 고용의 안전망을 더 튼튼히 해야 한다. 그래야 사회 구성원들이 고용의 안전망을 믿고 새로운 일자리에 도전하고 창업을 통해 혁신적인 아이디어를 실현해보려고 할 것이다. 비록 실패 확률이 높을지라도 과감하게 도전하는 청년들이 많을 것이다. 덴마크나 스웨덴이 그렇고 스위스도 그렇다.

우리는 실업급여 지급기간은 덴마크의 2년에 크게 못 미치며, 2016년 기준 최소 3개월에서 최장 8개월이다. 실업급여의 소득대체율도 50%로 덴마크의 90%에 크게 못 미친다. 그리고 하루 상한액이 4만 3,000원 정도로 정해져 있어서, 고소득자였던 실업자의 소득대체율은 50%에 훨씬 못 미치게 된다. 하루아침에 덴마크처럼 고용 안전망을 확충할 수는 없지만, 중장기 계획을 세워서 꾸준히 개선해나가는 것이 필요하다. 천리 길도 한 걸음부터라고 했으니까.

'휘게'hygge를 충분히 즐겨라

덴마크 사람들의 별명은 '해피 대니쉬Happy Danish'다. 행복순위를 비교하는 여러 기관들의 조사결과에서 항상 상위권에 속한다. 예를 들어, 유엔이 발표하는 '세계행복보고서'에 따르면, 덴마크는 2013년 1위를 차지했고 한국은 41위에 그쳤다. 2016년에 한국은 58위로 더 떨어졌다.

덴마크 사람들이 이처럼 행복해하는 비결은 무엇일까? 그 10가지 비결을 정리해놓은 책이 밀레네 뤼달의 《덴마크 사람들처럼》이다. 이 책에서 인상적인 것은 '휘게hygge'라는 단어다. '휘게'를 충분히 즐겨라. 행복도 세계 1위 덴마크의 10가지 비결 중 하나라고 한다. 여기서 '휘게'는 가족들과 함께 보내는 여유로운 시간과 아늑한 분위기를 뜻한다. 예를 들어 가족이나 친구 등 가까운 사람들이 모여 양초를 밝힌 따뜻한 분위기에서 식사를 하거나 맥주를 마시면서 여유 있는 시간을 보낼 때 휘게라고 한다. 그래서 12월은 덴마크에서 가장 휘게다운 달이다. 온 나라가 수백만 개의 양초를 밝히고 모여서 따뜻하게 데운 포도주를 마시거나 크리스마스 캐럴을 듣기 때문이다. 덴마크에서 양초는 휘게의 순간에 빠지지 않고 동참한다. 우리는 과연 공동체를 구성하는 가족, 이웃, 지인들과 '함께' 생활하고 있는지 의문이다.

덴마크 사람들은 가정과 여가생활을 중요하게 여긴다. 오후

5시경에 퇴근해서 아이들을 위한 프로그램에 참가한다. 경제활동 인구 중 17퍼센트는 아이와 가정을 돌보기 위해 재택근무를 한다. 부모가 오후 4시에 어린이집으로 아이를 데리러 간다고 해도 전혀 이상하게 생각하지 않는다. 친구들은 가족을 돌보거나 함께 시간을 보내기 위해 근무시간을 조정하기도 한다. 이렇게 유연하게 근무할 수 있다면 일과 가정이 균형을 찾기 쉽고, 사회 구성원들의 행복감은 높아지게 된다. 가정과 사회에서 자녀 보육이 어렵지 않기 때문에 출산율도 높아지는 부수적 효과도 거두게 된다.

덴마크 사람들처럼 우리도 일과 가정의 균형을 중시하고, 일찍 퇴근하여 가족이나 친구들과 휘게를 충분히 누리고, 남과 비교하지 않고 자신이 좋아하는 일에 몰두하고, 겸손하고, 서로 배려하고, 상대방을 믿고 정부를 신뢰한다면 행복하지 않을 수 없겠다.

우리의 현실과 덴마크는 얼마나 다른가? 끊임없이 경쟁하고, 비교하고, 일과 가정의 양립이 어렵고, 상대방에 대한 배려와 존중이 부족하고, 서로 신뢰하지 못하고, 장시간 근로에 시달리고 있다. 일자리는 부족하고 소득 격차는 자꾸 벌어지고 있다. 이런 상태다 보니 유엔의 '세계행복보고서' 순위가 41위[2013]에서 47위[2015]로, 그리고 다시 58위[2016]로 하락하고 있다.

얽히고설킨 실타래를 어디서부터 풀어나가야 할까? 대부분 100미터 달리기를 하고 있는데, 갑자기 나 혼자만 마라톤 모드로 바꾸기가 쉽지 않다. 다들 왈츠를 추고 있는데 나 혼자서 디스코나

고고를 출 수는 없다. 결국 개성과 다양성을 존중하는 교육을 어려서부터 받아야 하고, 가정이나 직장, 사회에서도 그런 분위기를 만들어줘야 서로 비교하지 않게 된다. 일과 가정이 양립하도록 정시 퇴근이나 유연한 근무제를 정착시키는 것은 정부나 기업에서 도와줘야 할 일이다. 서로를 믿고 정부를 믿게 만드는 것은 '공정한 경쟁의 룰'을 투명하게 만들고, '페어 플레이(공정한 경쟁)'가 정착돼야 가능해진다. 즉, 과정이 공정해야 결과를 쿨하게 받아들일 수 있다.

예를 들어, 덴마크 사람들은 소득의 40퍼센트 이상을 세금으로 내더라도 불만이 별로 없다. 조세부담률이 높으면서도 조세저항이 크지 않다는 것이다. 그렇게 되려면 정부가 허튼 돈을 쓰지 않는다는 믿음이 있어야 한다. 정부 행정이 투명하고 부패가 없어야 한다. 우리는 그 경지에 도달하려면 아직 멀었다. 우리는 조세부담률이 낮으면서도 조세저항이 크다. 정부를 믿지 못하기 때문이다. 결국 정부가 투명한 행정, 청렴한 행정을 오랫동안 실천하면서 신뢰를 회복하는 수밖에 없다. 증세는 그런 후에나 부드럽게 가능해질 것이다.

얀테의 법칙 Law of Jante

덴마크 작가 '말레네 뤼달'은 덴마크 사람들이 행복한 이유 10

가지를 정리해서 소개했다. 그 중 하나는 '휘게'였다. 휘게 외에도 신뢰, 꿈과 끼를 키워주는 교육, 자유와 자율성, 기회균등, 현실적 기대, 공동체 의식, 돈에 초연한 태도, 겸손, 남녀평등 등을 이유로 들었다. 하나하나 쉬운 게 없다. 단숨에 되는 것도 아니다. 게다가 유전자도 행복에 영향을 미친다. 행복에 관한 연구에 따르면, 적게는 50퍼센트에서 80퍼센트까지 유전자가 행복을 좌우한다고 한다. 남미 사람들의 행복감이 높고 중국, 일본, 한국 등 동북아 사람들의 행복감이 낮은 것도 유전자 영향이 클 것이다. 그렇다고 대한민국 행복 만들기를 포기할 수는 없다.

'휘게'와 더불어 가장 인상적인 단어는 '얀테의 법칙'[2]이다. 여기서 얀테는 우리나라의 '철수'처럼 덴마크에서 가장 흔한 보통사람을 가리킨다. 얀테의 법칙은 1933년 '악셀 산데모세'라는 작가가 쓴, 겸손을 주제로 한 '경구 모음집'이다. 예를 들면, "네가 특별하다고 생각하지 마라. 남들보다 똑똑하다고 생각하지 마라. 남들보다 더 많이 안다고 생각하지 마라. 누가 너에게 신경 쓴다고 생각하지 마라. 다른 사람을 가르치려고 들지 마라"는 내용으로 채워져 있는 글귀다. 이런 글을 읽고 자라서 그런지 덴마크 사람들은 겸손이 몸에 배었다. 덴마크 맥주인 칼스버그의 광고도 겸손하다. '아마도 세계 최고의 맥주'라는 카피를 사용할 정도다. 유럽에

---

2 말레네 뤼달, '덴마크 사람들처럼', 2015.

서 덴마크 축구팬들은 얌전하기로 유명하며, 페어플레이 상을 여러 번 받았다.

범사에 감사하고 만족하라는 '얀테의 법칙'이야말로 우리가 비교적 쉽게 따라 할 수 있는 것이라고 생각한다. 이제 우리나라의 1인당 국민소득도 3만 달러 가까이 올라와 있기 때문이다. 물론, 정부의 역할은 계속되어야 한다. 사회안전망을 위한 투자를 늘리고, 복지 지출을 늘려서, 우리 사회의 빈부 격차를 줄이려는 노력은 지속되어야 한다. 그래야 비로소 비교도 덜 하게 되고, '기대수준을 낮추는 일'도 가능해진다.

덴마크의 '얀테'처럼 우리나라의 평범한 국민들이 서로 비교하지 않고, 잘난 체하지 않고, 겸손해지는 연습을 시작한다면, 다가오는 미래에는 지금보다 조금 더 행복해질 수 있을 것이다.

에프터 스콜레

덴마크의 특징적 교육제도는 '에프터 스콜레'다. 덴마크의 청소년들은 고등학교에 들어가기 전에 '에프터 스콜레'에서 1년 동안 교육을 받으며 자신의 길을 찾을 수 있다. 즉, 에프터 스콜레는 일종의 인생 설계 학교다. 수업 과목도 국어, 수학, 과학과 같은 보통의 전형적 과목들이 아니다. 자유로운 분위기에서 공동체 의식, 창의성, 신체활동, 기술습득, 단체활동을 배우게 된다. 의무교육은 아니지만 중학생의 15퍼센트가 이 에프터 스콜레에 등록할 정도로 인기가 좋다.

덴마크의 또 다른 특징적 교육시스템은 '호이 스콜레'다. 교육학자이자 평생교육의 아버지로 불리는 '그룬트비'가 1844년에 처음 세운 학교다. 지금은 69개의 '호이 스콜레'가 있고, 학생들의 평균 나이는 24세다. 2012년에는 거의 1만 명의 덴마크 사람들이 장기강좌를 수강했고 4만 5,000명이 단기강좌를 수강했다. 17세 이상의 풍부한 경험을 열망하는 사람이면 누구나 등록할 수 있다. 일종의 평생교육기관이라고 할 수 있다.

이처럼 덴마크의 교육은 행복에 크게 기여한다. 사회 속에서 나의 자리를 찾아주기 때문이다. 덴마크 사람들은 어떤 분야에서든 최고를 기대하지 않는다. 최고가 되는 것이 목적도 아니다. 덴마크 사람들은 이기는 것이 아니라 참여하는 것을 중요하게 생각한다. 대부분의 나라가 '수월성'과 '우수성'을 교육의 목표로 삼고 있지만 덴마크는 그렇지 않다. 아이가 자신의 꿈을 펼치며 자신의 길을 찾아가도록 응원한다. 학생 각자가 자신의 능력과 개성에 따라 스스로 가치 있는 존재라고 느끼도록 도와주는 것이다. 학생 각자가 사회에서 자신의 자리를 찾고 유용하게 쓰일 수 있다는 사실을 깨닫게 만드는 것이다. 엘리트 양성이 아니라 개인의 개성과 능력 발달을 강조한다. 즉, 개인의 행복을 추구하도록 도와주는 교육을 하는 것이다.

　우리나라도 중학교 과정에 '자유학기제'를 도입하여 중학생들의 숨통을 틔워주고 있다. 1학기의 '자유학기제' 동안에는 시험을 보지 않고, 기업체와 제휴를 맺고 다양한 직업도 체험해보고, 토론식으로 수업을 하고 체육활동도 훨씬 오랫동안 자유롭게 하게 된다. 창의적인 방식을 도입해야, 학생들의 수업에 대한 만족도가 높아지고 창의적인 인재 육성에도 도움이 된다. 자유학기제 도입 이후 중학생들의 학교 폭력이 감소하고 자살률도 낮아졌다고 한다. 자유학기제를 고등학교까지 확대하는 방안이 검토되었으면 좋겠다. 그래야 과도한 대학진학률을 낮출 수 있고, 고졸 취업과 대학 진학 사이에서 진지하게 고민해볼 수 있다. 일과 학습의 병행을 통해 사회적 낭비도 줄일 수 있다. 무엇보다도 학생들의 행복감이 높아지게 된다. 아이들이 행복해야 가정과 사회와 나라가 행복해진다.

스웨덴:
'국민의 집'을 짓다

스웨덴 패러독스

고대 출신이 들으면 싫겠지만, 스웨덴은 연대 국가다. 연대 solidarity가 강한 나라다. 여기서 '연대solidarity'란 '너와 함께with you'라는 뜻이며, 남자와 여자, 아이와 어른, 장애인과 비장애인, 대기업 근로자와 중소기업 근로자, 정규직 근로자와 비정규직 근로자, 내국인과 외국인이 정당한 사유 없이 차별받지 않아야 한다는 것이다. 1951년 스웨덴 노총LO 소속 경제학자 렌Rehn과 마이드너Meidner가 제안한 '연대임금solidarity wage'이 스웨덴의 강한 사회적 연대를 상징하고 있다. 동일노동 동일임금의 이 원칙은 대기업의 과도한 임금 인상을 억제해 생산성을 높이는 동시에 저임금으로 버티는 중소규모의 부실기업에 대해서는 구조조정을 촉진하는 효과가 있었다. 대기업 노동자들은 상당 부분 임금이 깎이는 걸 감수해야 했지만, 인건비를 절감하게 된 수출 대기업을 중심으로 전폭적인 지지를 받았고, 특히 여성 노동자들의 임금 인상에 크게 기여했다.

스웨덴 모델의 또 다른 기둥은 '합의'다. 여당과 야당이 선의의 경쟁을 하고 다투기도 하지만 국민과 나라의 발전을 위해 토론하고 합의하며, 사용자와 노동자 역시 극단적으로 투쟁하지 않고 경제적 파이를 더 키우기 위해 타협하고 합의한다. 1938년 12월 스웨덴 노총LO과 사용자단체SAF가 체결한 '살트 셰바덴협약'이 바로 대표적인 노사정 대타협이다. 노조가 임금 인상 요구를 자제하는 대신 임금협상을 개별 기업 단위가 아니라 중앙조직LO으로 단일화했으며, 사용자단체는 고용의 창출과 안정을 위해 최선을 다한다는 합의였다. 스웨덴을 복지국가로 만든 밑바탕에는 이처럼 오래된 사회적 '연대'와 '합의'의 전통이 자리 잡고 있다.

이 같은 스웨덴을 세계인들이 부러워하고 있다. 20세기 초까지는 가난했던 스웨덴을 떠난 이민자가 당시 인구의 3분의 1에 해당하는 150만 명에 달했으나, 1985년 이후 60만 명이 스웨덴으로 이민을 왔다. 이 같은 '스웨덴 드림'은 '스웨덴 패러독스'에서 출발한다. 도저히 불가능할 것 같은 역설(패러독스)이 현실인 나라 스웨덴으로 이민자들이 몰려드는 것은 어찌 보면 당연하다. 대학이 무료라서 누구에게나 기회가 열려 있는 나라, 실업급여와 직업훈련 덕택에 쉽게 재기할 수 있는 나라, 아이를 낳으면 나라 전체가 키워주는 나라, 소득의 50%가량을 세금으로 내는 나라, 복지를 위한 세금 인상에 70% 이상이 찬성하는 나라, 그렇지만 세계 5위의 높은 국가경쟁력을 유지하고 있는 나라.

세월이 흐르고 환경이 변하여 스웨덴 모델도 진화를 거듭했지만, 여전히 '스웨덴 패러독스'가 가능한 이유는 뭘까? 먼저, 스웨덴 경제의 강한 기초체력이다. 자동차, 항공, 화학, 디자인, 통신 등 첨단산업에서의 높은 경쟁력과 안정적 경상수지 흑자를 유지하고 있다. 둘째, 높은 출산율과 고용률이다. 저출산에 따른 인구위기를 성공적으로 극복하여 합계출산율이 1.9에 달하며, 75%에 달하는 높은 고용률 역시 스웨덴의 경제 활력 유지에 기여하고 있다. 셋째, 기업의 부담을 줄여주는 세제와 규제다. 낮고 단일한 법인세율로 인해 전체 세수에서 차지하는 법인 관련 세수의 비중이 낮은 편이며, 기업경영에 대한 규제는 선진국 중 가장 약한 편에 속한다. 마지막으로, 높은 투명성과 정부에 대한 믿음이다. 청렴도와 사회자본의 순위를 보면 스웨덴은 세계 5위 이내에 속한다. 이를 통해 '내가 낸 세금이 나의 복지 혜택으로 돌아온다'는 믿음을 국민들에게 심어줬으며, 이것이 국민들의 조세저항을 낮추고 있다.

우리도 스웨덴처럼 공동체를 되살리고, 사회적 연대와 합의의 전통을 만들어야 한다. 기술개발과 혁신을 위한 투자, 기업친화적 세제와 규제 개혁으로 경제의 기초체력을 강화해야 한다. 투명한 행정과 신뢰를 바탕으로 조세저항을 낮춰야 한다. 이를 통해 복지와 재정, 그리고 경제성장이 선순환하는 '코리안 패러독스'를 우리도 만들 수 있다.

아메리칸 드림에서 스웨디시 드림으로

스웨덴은 19세기 중반 이민 적자국가에서 20세기 후반 이민 흑자국가로 변신했다[3]. 19세기 중반 이후 20세기 초반까지 미국으로 이민을 떠난 사람이 당시 인구의 3분의 1, 약 150만 명에 달할 정도로 경제 전체가 힘들었던 시절이 있었다. 그러나 지금은 이민자들이 가장 선호하는 나라가 미국에 이어 스웨덴이다. 인구 1,000명당 이민자 수를 보면, 스웨덴이 미국, 프랑스, 영국 등을 제치고 가장 많다. 최근 유엔난민기구UNHCR가 발간한 보고서를 보면 스웨덴이 미국에 이어 두 번째로 많은 난민을 받아들이고 있다.

최근 스웨덴으로의 이민이 급증함에 따라 스웨덴 국민들 사이에서 이에 대한 불만이 커지고 있다. "전쟁은 미국이 벌이고, 그에 따른 난민은 왜 스웨덴이 받아야 하느냐?"는 것이다. 이라크,

---

3 최연혁, '우리가 만나야 할 미래', 2012

아프가니스탄, 소말리아 등지에서 오는 이민자들과 난민들을 발생시킨 것은 미국인데 그로 인한 피해는 스웨덴이 보고 있다는 불만이다.

스웨덴에는 이민자 정착을 위한 사회지원제도가 잘 갖춰져 있다. 그렇기 때문에 이민자들이 스웨덴을 선호할 것이다. 예를 들어 언어 훈련, 문화 교육 등의 적응기간을 거쳐 본인이 희망하는 지역에 정착하면 정착지원금을 보조해주고 직업교육도 시키고 지역의 직업소개소에 등록하여 구직을 알선해주기도 한다. 이런 시스템에도 불구하고 스웨덴 사회로의 진입에 성공한 이민자들은 50% 정도에 불과하며, 나머지 50%는 9년이 지나도 직업을 찾지 못하는 사람들이다. 이들은 스웨덴의 기초생활지원 프로그램에 의존해 살아가게 된다. 그래도 스웨덴 국민의 일원이며 이민자라고 차별받지 않는다. 평등성의 원리가 모든 스웨덴 시민에게 적용되어야 한다는 원칙이 이민자들에게도 적용되기 때문이다.

스웨덴이 미국에 이어 두 번째로 이민자들이 선호하는 나라가 되었다는 것은 그만큼 살기 좋고, 기회가 균등하고, 이민자들에 대한 차별이 적다는 것을 의미한다. 없이 사는 사람들은 겨울보다 여름이 낫다는 옛말이 있었다. 가난한 사람들은 추운 겨울을 나기가 어렵기 때문이다. 미국과 달리 스웨덴은 겨울이 길고 춥기 때문에 가난한 사람들이 생활하기 쉽지 않음에도 불구하고 스웨덴으로의 이민 행렬이 최근 늘어나고 있다는 것이 참으로 대단하다. 심지어 우리나라에서도 최근 '헬조선'을 외치는 젊은 세대 사이에서 북유럽 복지국가 이민을 준비하는 모임이 인기라고 한다. 스웨덴의 날씨는 춥지만 스웨덴의 사회는 춥지 않기 때문일 것이다.

스웨덴의 투명한 정치

이 나라는 도대체 어느 나라일까? "저에게는 초등학교에 다니는 아이가 있는데 아빠가 제일 필요할 때입니다. 정치는 나중에 할 수도 있지만, 아이의 어린 시절은 저를 기다려주지 않습니다. 아이의 교육과 아버지의 역할을 충실히 하기 위해 총리직 제안을 정식으로 사양합니다." 초등학교에 다니는 아이를 위해 총리직을 거절하는 정치인이 있는 나라, 과연 어느 나라인지 궁금하다.

이 나라의 국회의원은 349명이고 임기는 4년이다. 우리와 비슷하다. 그런데 그 중 100명 정도는 "일이 너무 힘들어서 더 이상 못하겠다"며 자발적으로 그만둔다. 국회의원에게 일을 얼마나 시키길래 국회의원 3명 중 1명이 과로로 물러나는 것일까? 여름 2개월을 제외하고는 10개월 내내 국회가 열려 있다. 의원 1인이 발의한 법안의 숫자가 4년 동안 평균 87개, 1년 동안 약 22개에 달한다. 게다가 국회의원들에게 개인별로 배정되는 보좌관의 숫자가 단 한 명도 없다. 정당 차원에서 의원들의 보좌업무를 담당하는 팀이 있기는 하지만, 자료 조사업무 정도를 지원하는 데 그치므로, 결국 스스로 공부해서 법안을 발의해야 한다. 의원실에 비서가 없으니 전화도 직접 받아야 하고, 손님이 오면 커피도 직접 타야 한다. 우리나라 국회의원들은 여비서 1명, 운전기사 1명, 비서 2명, 비서관 2명, 보좌관 2명 등 모두 8명의 직원들로부터 도움을 받고 있다는 것과 비교한다면 이 나라의 국회의원은 힘들어서 그만둘 만하다.

이 나라는 국회의원들에게 월급도 많이 주지 않는다. 장관 월급이 1,600만 원 정도인 데 비해 국회의원 월급은 800만 원 정도에 불과하다. 게다가, 민간기업의 중견간부가 900만 원 정도의 월급을 받는다고 하니, 국회의원의 월급은 상대적으로 낮은 편이라고 할 수 있다. 단, 지방에서 온 국회의원들을 위해 소형 아파트 정도의 숙소를 제공하는 점은 우리와 다르다.

이 나라는 국회의원에게 보좌관을 배정해주지 못하고 월급도 적게 줄 정도로 가난한 나라가 아니다. 인구는 1,000만 명 정도에 불과하지만, 1인당 국민소득은 구매력평가PPP 기준 4만 8,000달러에 달하여 우리보다 1만 달러 이상 더 높다. 이 나라는 자동차를 만들고 항공기를 만들 정도로 기술력도 세계 최고 수준에 도달해 있다. 다만, 이 나라는 국회의원을 국민을 위한 봉사직이라고 생각할 뿐이다.

이 나라의 국민들은 세금을 더 내라고 하면 반대하지 않는다. 모든 국민에게 제공되는 의료 및 건강 관련 제도를 유지하기 위해 세금을 올리는 데 국민의 75%가 찬성하고, 노인건강 및 퇴직연금을 위한 세금 인상에 73%가 찬성했다. 질 높은 교육의 무상 제공을 위한 세금 인상에도 국민의 71%가 찬성했다. 우리나라의 경우, 복지 확대를 위한 세금 인상에 대해 '반대한다'는 의견이 과반을 넘는 것과 대조적이다.

이 나라는 정치와 행정이 투명하고 깨끗하다. 그래서 국민들이 정부를 믿고 세금을 더 내는 것이다. 자기가 낸 세금이 자신의 복지를 위해 쓰인다는 것을 확신하고 그리고 경험을 통해 알고 있으므로 세금 인상에 반대할 이유가 없다. 그래서 복지수준도 높고 세율도 높고, 국민들 행복감도 높다. 게다가 경제성장률도 높다. 대학교육이 무료니까 열심히 배우고 일하는 국민들의 생산성이 높다. 복지, 분배, 성장이 선순환한다. 복지가 과잉이면 경제가 망가진다는 얘기도 이 나라에서는 안 통한다.

이 나라는 스웨덴이다. 스웨덴처럼 국민을 위해 봉사하려는 자세가 되어 있고 청렴이 몸에 배어 있는 그런 분들이 지도자로 뽑혔으면 좋겠다.

총리 23년의 정치인

2017년은 대통령선거가 있는 해이다. 큰 꿈에 부풀어 있을 정치인들에게 꼭 소개하고 싶은 성공 사례가 있다. 총리를 23년 동안 역임한 정치인이다. 이 얘기를 꺼내면 누구나 아프리카의 어느 독재자 얘기냐고 반문할 것이다. 그게 아니다. 1인당 국민소득이 4만 달러를 넘고, 요람에서 무덤까지 복지가 잘 갖춰져 있으며, 정치는 투명하고 민주주의가 잘 발달해 있는 스웨덴의 얘기다.

타게 엘란데르Tage Erlander는 1946년 45세의 젊은 나이에 총리가 되었고 1969년 총리의 자리에서 스스로 물러날 때까지 무려 23년간 스웨덴의 총리로 재임했다. 민주국가에서 23년간 총리로 재임하는 게 가능하냐고 의문을 제기할 수 있다. 의원내각제에서는 다수당이 집권당이 되고 총리를 배출하기 때문에 선거에서 계속 승리한다면 이론적으로는 가능하다. 그런데 스웨덴에서는 실제로 가능했다. 엘란데르는 사민당 소속으로 11번의 선거에서 11번 승리함으로써 23년 동안 총리의 자리에 계속 머물 수 있었다.

엘란데르 총리가 23년간 총리로서 계속 일할 수 있었던 것은 그만큼 그가 스웨덴 국민들의 사랑을 받았으며, 많은 성과를 올렸고 정치를 잘했다는 것에 다름 아니다. 어떻게 그런 일이 가능했을까?

가장 먼저 포용과 통합의 정치를 했기 때문에 가능했다. 사민당 소속의 엘란데르가 총리직에 올랐을 때 야당에서는 국유화와 소련식 계획경제를 우려했을 정도로 급진적이라는 평가를 받았다. 하지만 엘란데르는 이 같은 우려를 찬사로 바꿔놓았다. 재계의 협조를 이끌어내지 못한다면 지속적인 경제성장이 어렵다고 보고 가장 먼저 재계를 설득하는 일에 나섰다. 목요일 만찬 때마다 재계와 노조의 대표들을 함께 초대하여 자연스럽게 서로 대화하고 이해하는 기회를 제공했다. 스웨덴의 역사가들이 '목요클럽'이라고 이름 붙일 정도로 매주 목요일 만찬은 총리가 노조와 재계를 함께 만나는 날이 되었으며, 대화와 상생의 정치를 상징하게 되었다.

이와 같은 노사정의 협력에 기반하여 스웨덴 경제는 놀라운 성장을 거듭했고, 복지국가의 기틀은 튼튼하게 구축되었다. 투명하고 신뢰받는 정치 하에서 국민들은 세금을 올리는 정부정책에 적극 호응해주었고, 복지와 삶의 질은 빠르게 향상되었다. 전 국민 의료보험, 4주 휴가제도, 전 국민 연금 지급, 9년 무상교육, 100만 호 주택 건설 등이 그의 집권 기간에 이루어졌다. 유럽의 변방이었던 스웨덴은 유럽의 모범국가로 우뚝 올라서게 되었다.

엘란데르 총리의 또 하나의 업적은 정상에 있을 때 스스로 물러났다는 점이다. 집권 당시 이미 '국민의 아버지'라는 칭호를 얻었던 엘란데르는 1968년 선거에서 사민당의 단독 과반이라는 커다란 승리를 이끌어냈다. 그 시점에 그는 은퇴를 예고했다. 1년 후 젊은 정치인에게 총리직을 넘기고 물러나겠다는 충격적인 발언을 해버린 것이다. 실제로 그는 1969년 '올로프 팔메'라는 당시 42세의 젊은 정치인에게 총리직을 넘겨주고 스스로 정계를 떠났다.

엘란데르 총리의 미담은 여기서 끝나지 않는다. 총리직 23년을 마친 엘란데르에게는 주택 한 채가 없었다. 임대주택에 들어가 살아야 했다. 하지만 그를 사랑했던 국민들이 이를 허락하지 않았다. 난처해진 사민당에서는 부랴부랴 스톡홀름 외곽의 연수원 부지에 엘란데르 부부를 위한 주택을 지었다. 그의 사후 이 별장은 일반인들에게 공개되었으며, 미래의 정치 지도자를 꿈꾸는 사람들이 반드시 방문하는 성지가 되었다고 한다.

한국과 스웨덴의 정치 환경은 많이 다르다. 하지만 엘란데르 총리가 45세의 젊은 나이에 총리가 되어 일기장에 남겼다는 다음과 같은 글귀는 피부색과 국가와 시대를 넘어 모든 정치인들이 곱씹어볼 만할 가치가 있다. "너는 정치인으로서 국민과 국가를 위해 희생할 각오가 되어 있는가?"

핀란드 :
'행복한 학교'

노키아는 망했어도

　헬싱키 공항은 벌써 초겨울이었다. 노키아 계열사 방문이 예정되어 있었다. 비행기가 1시간 연착했다. 마중 나온 분들에게 "늦어서 미안하다"고 전했다. 하지만 웬걸, 이 분들은 전혀 그렇지 않다는 표정이었다. "회사에서 인터넷으로 이 비행기가 연착하는 것을 확인하고 시간에 맞춰 나왔다. 전혀 기다리지 않았다. 미안해하지 말라"는 것이었다. 지금 우리나라도 제대로 서비스가 안 되는데, 핀란드는 1999년에, 지금으로부터 17년 전에 이미 이런 서비스를 고객들에게 제공하고 있었다. 이처럼 창의적이고 실용적인 나라는 쉽게 흔들리지 않는다.

노키아는 1999년에 모토롤라를 제치고 세계 1위의 휴대폰 제조업체가 되었다. 세계 120개국에 9만여 명의 직원을 거느린 최첨단 통신회사였다. 휴대전화 시장의 30%를 노키아가 장악했다. 노키아의 전신은 1865년에 세워진 제지회사다. 핀란드의 풍부한 목재와 물을 활용하여 펄프를 만들고 종이를 만들었다. 나중에는 고무회사를 합병하여 타이어도 만들었다. 1912년에는 전기케이블 회사를 세웠고, 1984년에 처음 무선 전화기를 만들었다. 그리고 제지회사와 타이어회사를 매각해버렸다. 아들 회사가 자기를 낳고 길러준 부모 회사를 팔아버린 것이다. 비즈니스는 그런 것이다.

노키아가 망했다. 세계 최고의 핸드폰 메이커가 애플의 아이폰 한 방에 휘청거렸다. 전화하고 문자를 주고받는 통신기기에서 손 안의 컴퓨터로 순식간에 경쟁의 그라운드가 변해버렸다. 이 상황에의 대응이 늦었다. 운동장을 바꾸고, 게임의 룰을 바꾸고, 제품의 콘셉트를 바꿔버리는 창의적 역량에 있어서 애플이 노키아보다 앞섰던 것이다. 2013년 9월 마이크로소프트MS가 노키아를 인수했다.

노키아는 망했지만 핀란드는 망하지 않았다. 핀란드 경제는 더 강해졌다. 노키아의 많은 직원들이 실업급여를 2년가량 받으면서 재취업하고 벤처기업을 창업하면서 핀란드 경제의 허리와 하체가 튼튼해졌다. AP통신의 보도에 따르면, '앵그리버드' 등 핀란드산 게임들이 대박을 터트린 데 힘입어 많은 신생 게임개발회사들이 핀란드 경제에 에너지를 불어넣고 있다. 핀란드 정부는 기술혁신청TEKES을 통해 신생회사를 지원하고 2014년부터 북유럽 국가 중 가장 낮은 법인세(20%)를 부과하는 등 신선한 아이디어를 가진 젊은이들의 창업을 적극 유도하고 있다. '공룡기업' 노키아에 비하면 아직 미미한 수준이지만 작고 빠른 벤처기업들이 노키아의 빈자리를 메우고 있다.

한국은 어떠한가? 요즘 우리 경제에 구조조정의 바람이 거세게 불고 있다. 조선, 해운, 철강, 석유화학 등 한때 우리나라를 대표했던 중화학공업과 한국을 대표하는 기업들이 어려움에 빠져 있다. 거제의 눈물, 목포의 눈물, 울산의 눈물이 쏟아지고 있다. 수많은 근로자들이 구조조정에 따른 실직의 위기에 직면해 있다. 요즘 같으면 다른 직업으로 옮기기도 쉽지 않다. 스웨덴이나 핀란드처럼 실업급여가 충분히 그리고 오래 제공되는 것도 아니다. 생계에 대한 걱정 없이 새로운 직업과 기술에 도전할 수 있는 여건도 아니다.

노키아는 망했어도 핀란드는 더 건강해진 것처럼, 한국도 구조조정 이후 기업들의 생태계가 더 건강해지고 혁신적으로 변해야 한다. 실업의 충격을 흡수할 안전망을 확충하고, 새로운 기술과 직업에 도전할 수 있도록 도와주고, '앵그리버드' 같은 히트상품을 만들어낼 수 있도록 기술창업을 장려해야 한다. 그런 경제가 튼튼하고 오래가는 경제다.

사람이 경쟁력이다

1999년에 헬싱키를 방문했을 때의 첫 인상은 아주 깨끗하다는 것이었다. 도시가 깨끗한 것은 물론 바닷가에 나가보니 해안에도 쓰레기가 하나도 보이지 않았다. 자연환경도 잘 보존하고 관리하고 있었다. 부러웠다. 우리는 지금 어딜 가나 쓰레기 천지다. 한강변에 나가보라. 페트병이 둥둥 떠다니고 물속은 차마 오래 쳐다보기가 민망할 정도다. 그런 강물에 떠 있는 유람선을 관광객들에게 한번 타보라고 권하기도 쑥스럽다.

도시와 자연환경만 깨끗한 게 아니다. 핀란드는 공무원들이 청렴하고 부패가 없는 나라로 유명하다. 국제투명성기구[11]가 매년 발표하는 부패지수 순위에서 항상 상위권에 랭크될 정도로 정부의 일처리가 깔끔하다. 행정의 절차와 결과를 투명하게 공개한다. 그러다 보니 국민들이 정부를 믿고 소득의 50% 안팎의 세금을 기꺼이 낸다. 자기가 낸 세금이 허투루 낭비되지 않으며 자기에게 복지 혜택으로 돌아온다는 믿음이 있기 때문이다. 우리나라도 핀란드처럼 세금 걷기 쉬운 여건을 만들려고 한다면 가장 먼저 정부와 행정에 대한 국민들의 믿음과 신뢰를 쌓는 일부터 시작해야 할 것이다.

두 번째로 인상적이었던 점은 핀란드 사람들 누구나 영어를 잘한다는 점이었다. 핀란드는 700여 년의 식민지 지배에도 불구하고 핀란드어를 지켜냈다는 자부심이 강하다. 하지만 핀란드 TV 채널의 절반이 영어채널이다. 저렴한 시청료만 지불하면 아주 어릴 적부터 다양한 영어채널을 통해 수시로 영어에 노출됨에 따라 국민 누구나 제2 외국어로서 영어를 자유자재로 구사한다. 어디서나 영어가 잘 통한다. 인구도 적고 땅덩어리도 작고 자원도 부족한 나라에서 우수한 인적 자원을 빼면 세계시장에서 살아남을 수 없다. 수출과 관광, 외국인직접투자에 의존해야 하는 핀란드로서는 영어 잘하고 고등교육을 받은 우수한 인적 자원이야말로 최고의 자산이다. 우리나라도 핀란드처럼 공중파 방송에 영어채널을 과감하게 더 늘리고 영어학원에 가지 않고도 TV 채널을 통해 손쉽게 영어를 접하게 할 수 있다면 길거리에서 외국인을 보면 피해가는 우리 국민들의 영어 공포증도 조금 완화되지 않을까?

세 번째로 핀란드 사람들에게는 사우나가 밥 먹는 것처럼 일상화되어 있다는 점이다. 집에 사우나 시설이 있는 것은 물론이고 회사에도 사우나 시설이 있고, 핀란드에서 가장 인기 있는 아이스하키 경기장 안에서도 사우나를 즐길 수 있게 되어 있다. 실내 링크가 내려다보이는 VIP용 관중석 내부에 회의실도 있고 사우나 시설도 구비되어 있었다.

네 번째로 핀란드는 교육과 과학기술에 목숨을 걸고 있다는 점이다. '인적 자원'이 핀란드의 유일한 경쟁력이기 때문에, 교육에 투자하는 것 이외에 다른 선택의 여지가 없다. 그렇다고 핀란드가 우리처럼 암기식 교육, 대학입시 위주의 교육, 영어와 수학에 전념하는 식의 교육을 하고 있는 것은 아니다. 핀란드는 '낙오자 없는 교육'을 추구한다. 사회에서 함께 어울리고 공동체의 일원으로서 살아가는 법을 가르친다. 수업시간에 두 명의 교사가 들어오는 팀티칭도 실시하고 있다. 교사 한 명은 칠판 앞에서 강의를 하고, 다른 한 명은 손을 들어 보충 설명을 요구하는 아이에게 다가가 보완설명을 해줌으로써 이해를 도와준다. 그래도 진도를 따라오지 못하는 아이들은 방과 후에 별도로 남겨서 보충수업을 실시한다. 한 명의 낙오자도 없는 교육, 자신의 적성과 진로를 찾아주는 교육을 하기 때문에 핀란드의 학교와 학생들은 수업시간이 행복하다.

아울러, 핀란드는 혁신적인 나라다. 핀란드는 농림어업 중심의 나라에서 첨단 과학기술의 나라로 변신했다. 노키아도 제지업체로 출발했으나 첨단 휴대전화업체로 탈바꿈했다. 노키아는 한때 모토롤라와 삼성전자 등의 세계적인 휴대폰 제조업체들을 제치고 세계에서 휴대폰을 가장 잘 만드는 회사로 부상했었다. 애플이 아이폰을 출시하면서 노키아가 기울기 시작했고, 급기야 파산하기에 이르렀지만, 노키아의 직원들은 회사를 떠나 IT 관련 벤처기업을 창업했다. 앵그리버드를 비롯하여 세계시장에서 인정받는 참신한 서비스를 개발했다. 이처럼 유망한 스타트업 회사들이 우후죽순처럼 생겨나 핀란드를 위기에서 구했다.

이처럼 사람에 투자하는 나라는 망하지 않는다. 우수한 인적 자원을 키우고, 혁신적인 시스템을 유지한 결과 핀란드는 일시적인 구조조정의 고통을 금세 극복하고 다시 지속가능한 경제발전의 궤도로 복귀하고 있다.

1등과 꼴찌가 없는 학교

우리와 달리 핀란드의 아이들은 학교에서 행복하다. 게다가 공부도 잘한다. 핀란드의 아이들은 사교육이나 숙제 부담이 없다. 그러면서도 국가별 학력평가를 해보면 세계 최고 수준이다. 〈다음 침공은 어디?〉라는 제목의 다큐멘터리에서 핀란드의 교육제도를 소개한 적이 있다. 학교 수업은 체험과 토론 등으로 자유롭고 주체적으로 진행된다. 핀란드의 아이들은 시험 한 번 제대로 치르지 않지만 이미 영어, 독일어 등 3개 국어 정도는 할 줄 안다. 핀란드 교육의 중점은 '낙오자 없는 교실'에 있다. 학업에 뒤처지는 아이들을 별도로 돌봐주는 시스템이 사교육 아닌 공교육 속에 자리하고 있다. 그래서 핀란드의 공교육 경쟁력은 세계 최고로 평가받고 있다. 고등교육이 무상이다. 그 결과 공교육비 지출이 전체 GDP에서 차지하는 비율도 유럽 평균보다 높다. 핀란드 아이들은 책을 많이 읽는다. 도서관이 일상생활 안으로 들어와 있다. 1인당 공공도서관 장서가 가장 많은 나라가 핀란드다. 그만큼 아이들을 비롯한 전체 국민들이 도서관을 활발하게 이용하고 있다는 것이다.

나만 잘하는 교육이 아니라 함께 잘하는 교육이 우리에게도 필요하다. 공교육의 틀 속에서 예체능활동과 자기계발이 이루어져야 한다. 자연 속에서 환경의 중요성을 몸소 체험하는 자연친화적 교육이 강화되어야 한다. 그런 교육이 이루어진다면 공격적이고 '무서운 아이들'보다는 새로운 생각과 창의적인 아이디어로 새로운 트렌드를 만들어내는 아이들이 많아질 것이다. 핀란드만큼은 아니더라도 행복한 교육을 통해 행복한 교실, 행복한 아이들이 많아지도록 지혜를 모아야 한다. 2016년 6월까지의 초중고생 자살 건수가 2015년 같은 기간에 비해 늘었다고 교육부에 비상이 걸렸다. 자살예방 교육도 필요하지만, 교육시스템 전반이 변해야 한다.

지금 정부에서 처음 시도하고 있는 중학교 '자유학기제'에 대한 반응이 좋다. 우리나라의 자유학기제는 중학생들을 대상으로 6개월 동안 회사나 공공기관 등에서 직업 체험을 하고, 예체능 활동을 강화하고, 시험을 보지 않고, 스스로 숙제하고 발표하고 질문하는 방식의 신선한 실험이다. 그 결과 중학생들의 수업만족도가 올라가고 폭력과 자살 건수도 줄어들고 있다고 한다.

여성이 이끌어가는 나라

핀란드는 여성 대통령과 여성 국회의장을 배출했으며, 여성 장관과 여성 국회의원의 비중이 매우 높다. 그래서 핀란드는 여성이 이끌어가는 나라로 알려져 있다. 핀란드에서는 이처럼 양성평등과 여성의 경제활동 참여, 여성의 정치 참여가 활발하다.

핀란드[4]에서 처음 여성에게 투표권을 부여한 해는 1906년이다. 여성의 피선거권도 1906년에 처음 부여되었다. 1907년에 실시된 선거에서 여성 의원은 19명이 당선되었으며, 전체 의석의 약 10%를 차지했다. 여성에게 투표권과 피선거권이 부여된 지 100년이 지난 2007년에 실시된 총선에서 여성은 전체 의석의 41.5%를 차지했다. 핀란드는 내각의 절반가량이 여성이다. 정부에서 간선 형식으로 임명하는 중요한 의사결정기구에 여성을 40% 이상 의무적으로 할당하도록 하고 있다.

이처럼 핀란드는 우리나라에 비해 여성의 경제활동과 정치 활동 참여가 매우 활발하다. 1926년에 첫 여성 장관이 배출되었으며, 1995년 내각에서는 40% 이상이 여성 장관이었고, 2003년 내각에서는 50%가 여성이었다. 세계화와 정보화의 시대, 그리고 다가오는 4차 산업혁명의 시대를 감안한다면, 소프트하고 섬세한 여성

---

4 일까 따이팔레, '핀란드 경쟁력 100가지', 2010

인력의 활용이 많은 나라일수록 그 나라의 경제가 활력이 넘칠 것이다. 그런 면에서 우리도 양성평등과 여성의 경제활동 참가율 제고가 시급하다. 프랑스의 시인이자 소설가였던 루이 아라공이 '미래의 시'에서 읊었듯이, "여자는 남자의 미래다"[5]. 여성이 우리 경제의 미래를 좌우할 것이다. 실제로 OECD의 연구에 따르면 여성고용률이 높은 나라일수록 출산율도 높고, 경제성장률도 상대적으로 높았다. 핀란드가 그렇다. 우리도 그 길을 따라가야 한다.

아이는 사회가 함께 키운다

핀란드에서 아이들 육아는 사회의 공동책임이다. 아이 엄마에게만 맡기지 않는다. 아이의 아빠는 물론이고 집 근처의 육아시설에서 아이들 보육에 적극 동참한다.

요즘 우리나라도 맞춤형 보육이 쟁점으로 되어 있는데, 핀란드에서는 일찍이 1986년에 '가정양육수당'을 신설하여 6세 이하 미취학 아동의 부모 중 한 사람이 집에서 아이를 돌보는 경우에도 정부에서 일정한 보조금을 지급하고 있다. 이 제도의 효과로 인해, 3

---

[5] 루이 아라공(Louis Aragon, 1897~1982)은 프랑스의 시인이자 소설가다. 그는 '미래의 시'에서 "…여자는 남자의 미래다… 여자로 하여 낡은 세계의 모든 것이 바뀔 것이다…"라고 노래한 바 있다.

세 미만 영유아 중 약 70%가 집에서 양육되고 있다.

　이와 같이 아이를 키우는 것은 부모뿐만 아니라 지역사회 공동체라는 인식과 책임감 하에서 3세 이하의 첫 자녀에게는 월 294유로(약 43만 원), 두 번째 자녀에게는 월 84유로, 3번째 자녀부터는 월 50유로를 지급했다.

　또 하나는 아빠의 육아휴가가 활발하다는 점이다. 2003년 기준으로 약 4만 4,500명이 아빠 육아수당을 청구했고, 그 아빠들의 평균 휴가기간이 14일이었다. 부모에게 지급하는 육아수당은 총 263일간의 부모 육아휴가 기간에 대해 수당 형식으로 지급되었다. 총 263일간의 육아휴가 가운데 첫 105일(출산휴가)은 엄마에게 출산수당으로 지급되며, 나머지 158일은 휴가를 사용하는 엄마 또는 아빠에게 지급되었다. 그리고 육아수당이 지급되는 기간(총 263일) 중에서 최대 18일까지 아빠 육아휴가를 사용하는 것이 가능했다. 핀란드에서는 아빠가 되는 남자들의 약 3분의 2가 아빠 육아휴가를 사용하지 못했다.

　핀란드에서는 산모에게 육아용품을 무상으로 지급한다. 1949년에 일부 취약계층에게 육아용품이 지급되다가, 1977년 이후 모든 산모에게 육아용품을 지급하고 있다. 육아용품은 시대에 따라 그리고 소득의 증가함에 따라 다양해지고 풍부해졌다. 예를 들어 아이 옷, 이불, 아이 목욕용 대야, 장난감, 그림책 등이 들어 있었다. 이 서비스를 받기 위해 임신 4개월 기한 내에 임산부 클리

닉을 방문해서 등록해야 했으므로, 모든 임산부는 보건의료 서비스에 등록하게 되었고, 이를 통해 산모와 신생아의 사망률 감소에 크게 기여했다.

우리나라도 아이들을 사회가 키우고 가족 전체가 키움으로써 젊은 부부의 육아 부담을 덜어주려는 노력이 필요하다. 요즘 50대에 할머니 소리를 듣는 젊고 건강한 할머니와 할아버지들이 많다. 수명은 자꾸 늘어나고 은퇴 이후의 기간이 길어진다. 연금으로만 생활하기가 만만하지 않다. 젊은 할아버지와 할머니가 출가한 자녀의 집 근처에 살면서 손자와 손녀를 돌보도록 장려한다면 젊은 신혼부부들도 좋고 젊은 노부부들도 더 젊어지지 않을까?

노부모를 가정에서 간호하기

요즘 우리나라에서 나이 들어 요양원에 가는 것은 과거의 고려장이나 마찬가지라는 얘기가 나올 정도로 문제가 많다. 우리나라에 신설된 요양원이나 요양병원들이 많지만 그 서비스나 시설이 만족스럽지 못하다는 것이다. 집에서 혼자 지내는 것보다 여럿이 모여 있는 요양원이나 요양병원에서 지내면 덜 심심할 수는 있다. 하지만 제공되는 서비스가 수요자가 원하는 서비스 수준에 미달하는 경우가 많다.

그런 고민 속에서 핀란드는 가족 구성원 중 한 사람이 어르신을 집에서 직접 간호하는 경우에 수당을 지급하고 있다. 소위 '가정간호수당'[6]이다. 이 같은 '가정간호'는 상대적으로 비용이 더 많이 들어가는 병원이나 요양시설에서의 간호를 대체하는 것으로서, 정부의 보조금(가정간호수당) 제공을 통해 가정에서 환자를 간호하는 방식이라고 할 수 있다.

핀란드는 '가정간호수당'을 활용하는 고령자나 그 가족 구성원의 도덕적 해이를 최소화하기 위한 장치도 마련했다. 예를 들어, '가정간호수당' 지급 요건이 까다롭다. 첫째, 신체기능의 장애, 질환, 불구 또는 유사한 이유로 치료나 간호가 필요하여 가족 구성원 또는 친지가 적절한 치료와 더불어 간호할 책임을 맡고자 하는 경우다. 둘째, 간호인이 건강과 능력 양 측면에서 간호 제공에 필요한 조건을 충족하는 경우에도 '가정간호수당'이 지급된다. 셋째, 가정간호의 제공이 기타 사회보건 서비스와 더불어 간호를 받는 사람의 심신의 평온, 건강, 안전에 필요한 경우다. 넷째, 간호를 받는 사람의 가정이 보건이나 여러 환경적 측면에서 적절한 상태에 있어야 한다. 마지막으로, 가정간호의 제공이 간호를 받는 사람에게 최선의 선택이라고 판단될 경우다.

핀란드의 '가정간호수당'은 최저 매월 300유로(44만 1,000원) 수

---

6 일까 따이팔레, '핀란드 경쟁력 100가지', 2010.

준이었다. 그리고 핀란드에서 가정간호수당을 지급받는 60세 이상의 가정간호인은 15만 명 정도이며, 등록하지 않은 사람을 포함한 전체 가정간호인은 30만 명 이상으로 추정된다. 이런 제도를 우리나라에도 도입한다면, 사회복지 관련 일자리가 창출되고, 고령자에 대한 복지 서비스가 좋아지고, 복지 서비스가 효율적으로 제공됨으로써 복지 관련 만족도는 올라가고 비용은 절감되는 등의 긍정적 효과가 기대된다.

에필로그

어떤 지도자가
어떤 경제를 만들 것인가?

　이 책의 원고를 마무리하고 있는 와중에 대통령 탄핵안이 국회를 통과했다. 정부 수립 이래 두 번째다. 2016년 12월 9일 국회를 통과한 탄핵안은 국민 78%의 지지를 받았고, 국회의원 정족수의 78%인 234명이 찬성했다. 국민들은 2013년 2월 대통령에게 위임해줬던 권력을 3년 10개월 만에 거둬들였다.
　위임해준 권력을 사사로이, 그리고 공정하지 않게 활용했다는 것이 가장 클 것이다. 돈 있고 힘 있는 사람들이 은밀하게, 불공정하게, 편법으로 권력을 사용하고 흥정하고 거래하는 모습이 드러났다. 그로 인한 국민들의 박탈감과 분노감이 하늘을 찔렀다. 청와대의 시스템 이외에 별도의 사사로운 시스템이 작동하고 있다는 사실에 놀랐다. 세월호가 침몰하고 있는 비상 상황에서 대통령은 관저에서 미용사를 불러 머리를 매만지고 있었다. 그날은 주말도 아니고 평일이었다. 촛불 시위 현장에 "이게 나라냐?"라는 피켓이 등장했던 이유들이다.

지금까지 이 책에서 언급했던 '행복한 경제'는 정치와 지도자에 의해서도 크게 좌우된다. 지도자에게 요구되는 자격은 예나 지금이나 엄중하다. 지도자의 자리는 아무에게나 허용되지 않는다. "풍수, 사주풀이, 관상, 점, 파자破字 등 요사스럽고 허랑한 술수를 가진 자가 수령과 인연을 맺으면, 작게는 정사를 문란케 하고, 크게는 화를 입게 할 것이니 마땅히 천리 밖으로 물리치고 그림자조차 가까이해서는 안 된다. 친척이나 친구가 관내에 많이 살면 거듭 단단히 단속하여 남이 의심하고 비방하는 일이 없게 해야 한다. 무릇 조정의 고관이 사사로이 편지하여 청탁하는 것을 들어줘서는 안 된다. 관청에 잡인의 출입을 엄하게 금해야 한다. 사사로이 관부에 출입하는 자는 곤장이 100대다. 씀씀이를 절약하는 것은 수령의 으뜸가는 임무이다. 의복은 성글고 검소한 것을 입도록 힘써야 한다."

이 글은 다산 정약용 선생이 200여 년 전《목민심서》에 적어 놓은 글이다. 과거의 글이지만 현재 우리 상황에 딱 들어맞는다. 목민관의 엄격한 자기관리(율기律己)에 관한 글 중에서 '병객'과 '절용' 부분이다. 여기서 '병객屛客'이란 '청탁을 물리친다'는 것이고,

'절용節用'이란 '씀씀이를 절약한다'는 것이다. 과거에도 자기관리를 못하는 목민관들이 많았기 때문에 이런 글이 있었을 터인데, 200여 년이 지난 지금에도 그 역사가 반복되고 있다. 가장 높은 목민관이라고 할 수 있는 대통령이 《목민심서》를 자주 읽고 목민관의 자세를 가다듬었더라면 지금과 같은 사단이 발생하지는 않았을 거라는 아쉬움이 남는다.

지도자가 업무에 임하는 자세는 또 어떠해야 하는가? 중국의 요순시대를 연장했던 우임금이 치수治水에 참여했던 고사다. "우임금은 친히 삼태기와 가래를 들고, 거센 바람에 머리 감고 소나기에 목욕하면서(즐풍목우) 일했다. 그리하여 천하를 안심시켰다." 우임금의 고사처럼, 바람에 머리를 빗고 빗물에 목욕할 정도로 촌음을 아껴 부지런히 일했더라면, 나라는 안정되고 국민들은 지도자를 존경했을 것이다.

자기관리를 엄정히 하고 업무에 솔선수범했던 목민관이라면 공직을 떠날 경우의 모습도 다를 것이라고 다산은 말한다. 《목민심서》의 1부가 '부임'이라면 마지막 12부는 '해관解官'이다. 나라의 명을 받아 관직에서 떠나야(해관) 하는 목민관의 모습 중 하나가 '원유願留'다. 선정을 베푼 현재의 목민관이 더 머무르기를 그 고을의 백성들이 조정에 청원한다는 뜻이다. 과거에 많은 백성들이 '원유'했던 목민관들의 사례를 소개하고 있다. 작금의 우리는 국민들이

'원유'하는 지도자를 언제쯤이나 볼 수 있을까?

노자의 《도덕경》은 도덕에 관한 글이 아니며 도道와 덕德에 관한 글이므로 '도·덕경'이라고 써야 옳다. 지도자의 올바른 통치에 관하여 잘 정리되어 있다. 제17장 淳風(순풍)을 보면 4가지 유형의 리더십이 소개되어 있다. 가장 훌륭한 지도자는 '하지유지下知有之', 즉 '있는 것도 잘 모를 정도'라고 했다. 요즘 유행하는 '서번트 리더십'이 이미 2,700여 년 전 노자에 의해 거론되었다. 두 번째는 '친이예지親而譽之', 즉 '백성들이 가까이 하고 존경하는 지도자', 세 번째는 '외지畏之', 즉 '무서워하는 지도자', 네 번째는 '모지侮之', 즉 '업신여기는 지도자'라고 했다. 지금 우리는 어떤 지도자를 모시고 있는가?

2017년 새해 벽두부터 걱정거리가 많다. 미국 우선주의를 내세우는 트럼프의 당선으로 우리의 수출 환경은 과거 어느 때보다 악화될 전망이고, 주요 업종의 구조조정과 가계부채의 증가 등으로 내수 침체는 계속될 것으로 보인다. 이 같은 내우외환의 한국 경제를 어떻게 순항시킬 것인지, 한국 경제를 어떤 경제로 혁신할 것인지, 어떤 나라로 변모시킬 것인지에 관하여 자기 의견을 말하고, 토론하고, 소통할 수 있는 지도자가 필요하다. 이미지, 후광효과, 수첩의 폐해는 이미 경험했기 때문이다. 국민을 위해 '즐풍목우'의 심정으로 촌음을 아껴가면서 열심히 봉사하는 지도자, '하지 유지'의 리더십을 발휘하면서 낮은 자세로 국민과 소통하고 토론하는 지도자가 필요하다. 작금의 3불 경제(불안한 고용, 소득 불평등, 불편한 노후)를 벗어나 행복한 경제로 변모시키기 위한 새로운 경제 비전을 제시하고, 솔선수범하면서 실천하는 지도자가 필요하다. 선거 때는 유권자들이 혹하고 넘어갈 경제 민주화와 국민행복시대를 공약하고, 당선 이후에는 '나 몰라라'하는 식의 후안무치한 지도자를 두 번 다시 뽑아선 안 된다. 고용을 안정시키고, 불평등을 최소화시키며, 편안한 노후를 위한 대안을 제시할 수 있는, '행복한 경제'의 리더십을 발휘할 수 있는 지도자를 뽑아야 한다. 한국 경제가 저성장의 늪에서 벗어남은 물론 선진국으로 한 단계 더 도약할 수 있는 중요한 계기, '진실의 순간MOT, Moment Of Truth'이 바로 우리 앞에 다가와 있다.